凱信企管

用對的方法充實自己，
讓人生變得更美好！

凱信企管

用對的方法充實自己，
讓人生變得更美好！

鈍感力養成

克服敏感、提升挫折容忍度與自我認同的20堂課

作者序

把自己放在第一位，鈍感一點，才不會辜負自己

許多人聽到「鈍感力」，直接想法就是遲鈍的力量；但它跟遲鈍不一樣。

在節奏飛快、錯綜複雜的現代社會，有時候太過敏感反而容易受傷，倒不如學習對外界聲音鈍感一點，臉皮厚一點，關注在自己身上多一點，就能不因他人的看法感到煩惱或氣餒。

我曾親眼見過許多人因外界的觀感，忙於迎合他人看法而精疲力竭，不曾讓自己適度休息，長久下來難免累積大量負面情緒，不僅自我意識低下，也得不到他人肯定的目光。

每個人的生命就是自己的，為什麼不停下來好好地看看自己呢？滿足他人的期待，就能讓自己開心嗎？或者你只是藉由外界的肯定，來維持某種（可能不屬於自己的）形象？

我們在人生舞臺上扮演的就是「自己」。無論如何，每個人都是自我生命大戲的唯一主角；然而，我們卻常不經意地落入他人的框架，將自主權拱手讓人。

本書透過一幕幕真實的人生劇場，啟發讀者們正視「好好愛自己」這件事。唯有把自己放在第一位，認真做好自己，才不會辜負了自己！

目錄

☺ Chaper 5 自愛篇

chapter 1

友誼篇

Unit 1 別當朋友的情緒垃圾桶

往事可以回味

某個冬日週末下午，午後的陽光照耀著家中陽台的盆栽，燦爛耀眼，讓我也想徜徉在這片溫暖的金黃之中。這時，我的手機響了，接通之後原來是關於先前報名的一項活動，主辦單位來電確認我是否會出席。講完電話之後，我坐在陽台的躺椅上曬太陽，接著順手滑了滑手機上網，在臉書上看到一位老同學發文貼出她和另一位同班同學的合照。這些年來斷了音訊的她們，在一項活動中不期而遇，雙方都感到十分驚喜，於是互加臉書並合影留念。看了照片並留言之後，我也回想起當年和她們及其他同學在學校的那段美好時光。

我在專科一年級升二年級時轉科，來到人生地不熟的新班級，好在包括這兩位在內的同學們都很親切，加上我自己活潑大方的個性，很快就和大家打成一片。還記得有次陪兩位同學到教室樓上的辦公室找班導，導師先和其中一位談話，我和另一位同學就在門口稍候，於是就邊等邊聊了起來。我早已忘了談話內容，但她當時的一句話至今仍令我印象深刻：她說我很像一位大姊姊，有我在身邊讓人覺得很安心。其實從小到大，還真有不少同學朋友，無論是什麼性別，都喜歡找我講心裡話。原來我早已具備助人工作者的特質，或許這正是我日後進入這領域的原因之一吧！

事實上，不只親近友人會與我分享心中的喜悅或煩惱，就連初次見面的人也可能如此。多年前當我轉換職涯跑道時，和許多人一樣經歷了編修、寄送履歷表和奔波於各處面試的那段時光。記得某次面試是在一棟辦公大樓的高樓層，一進門先是接待櫃臺總機人員請我稍後，接著是一位人資部門的男性職員初步會談，之後才是應徵職位部門主管的面試。這位女性主管先問了些面試的常見問題，並說明工作性質，然後問我有沒有什麼要問的。

於是，我問她在此工作多久了？我已經忘記她的回答，但緊接而來的談話內容我倒還有些印象：她提到自己由原先的產業轉到目前這份工作，接著竟然就對我吐起苦水來了，只見她簡報似地聊起歷年的工作概況與辛酸，以及她老公總是唸著她的薪水遠不及他，幹

嘛還做得那麼累？我當時不禁納悶自己到底是來面試？還是充當臨時心理輔導員？我後來選擇到別處工作，倒也不完全是因為這位主管向我倒她的情緒垃圾，而我也不禁莞爾，自己為何這麼容易讓別人說出心裡的話？

深夜的心情 Call-in

其實不只是我，我的一些朋友似乎也具備助人工作者的特質，加上熱心善良、不懂得拒絕別人，所以經常成了他人的情緒垃圾桶。我有位多年好友，是一位獨立自主又熱心助人的女性，這些人格特質讓她結交了許多來自各地的朋友。和這些朋友相處開拓了她的視野，也豐富了她的生活，卻也為她帶來預料之外的困擾。原來，個性隨和善良的她就是因為熱心，所以朋友們都喜歡跟她講心事，而她原本也都來者不拒，因此即便時間已經不早了，還是常會接到朋友們的來電，而且經常聊到半夜兩三點。

在她的眾多朋友當中，有位比她略為年長的女性，她們從學生時代起就交情不錯，進入職場之後也繼續保持聯繫。這位朋友常在下班後打電話給她吐苦水，有時講的是工作上的不如意，但更多的是傾訴自己的感情問題。我這位好心的朋友，就這麼一次又一次地聽她細訴。夜深了，人也累癱了，卻還得在被窩裡繼續聽對方抱怨個不停。

我的朋友後來越想越不對：你們這些人可以隨時 call-in 向我抱怨這抱怨那的，嚴重影響我的睡眠，我隔天還要上班哪！我每天下班後拖著疲憊的身軀回家，也有自己的事情要做，晚上卻還得犧牲睡眠時間聽你們吐苦水，這樣的生活也太沒品質了吧？萬一我因為精神不濟影響工作表現，你們都願意來為我負責嗎？於是她開始思考，是否還要讓朋友們隨心所欲地打電話來？或者也應該替自己想想？

「我那時候就是因為不會拒絕別人，所以才把自己搞得這麼累。」她在一次午餐小聚當中這麼說。

「對啊，妳這麼好心，反而讓他們沒有界線，予取予求。」我邊啃麵包邊回答。

「真的！我把他們寵壞了！後來我就覺得不能再這樣下去。我沒辦法解決他們的問題，他們這樣一直講個不停也不會讓情況改善。」朋友話畢，喝了一口黑咖啡。

「所以妳後來怎麼做？」我也喝著自己的黑咖啡。

「後來我就決定告訴他們，我白天工作一整天很累了，晚上是可以打電話來，但我也需要休息，所以請在幾點之前打來。」

過了那個時間，她就打開家中市話的答錄機，手機也關機。這位熱心善良的朋友，總算為自己的身心負荷設立了界線，採取行動找回原本屬於自己的私人時間。

「而且妳知道嗎？我那個朋友都是跟我講一樣的問題：跟之前的男朋友分手，後來遇到的人都沒有更好。已經十年了耶！都在講同樣的一件事！」

就是那位比她略為年長的女士。相同的話聽了十年，我不得不佩服朋友異於常人的耐心，值得頒給她一整車的好人卡。

「所以有一天我就告訴她，這十年來她都在講同一件事，而且她也知道我或是別人並沒有辦法幫她解決，再這樣抱怨下去，對她來說根本沒有任何幫助啊！」

此話既出，她的這位朋友一開始並沒有死心，依然想到就打電話來，後來又經過幾次提醒，情況才逐漸改善，但也影響到彼此的友誼。

「不只對她，我也對其他愛打電話找我抱怨的朋友說，我需要時間做自己的事情，也需要足夠的睡眠。」

的確，畢竟大家都在工作，必須尊重彼此。每個人都需要自己的時間空間處理私事、享受休閒娛樂和養精蓄銳。

「可是我告訴他們之後，他們卻覺得不滿，說我以前都會聽他們講，現在怎麼不聽了？好像那是我應該做的事情。」

這是因為我朋友一直以來的好心，被她的朋友們視為理所當然；人家是「慣老闆」，她是「慣朋友」。台灣近年來「媽寶」盛行，我看她的那些朋友都被她寵成「友寶」了。

很多時候事情就是這樣，一旦我們的善良在別人心中形成一種親切隨和、交遊廣闊的印象，就會源源不絕地接到各項請求，一會兒要你幫他們排憂解悶，下回又找你幫他們搞定事情，時間一久就越來越理所當然，好像這是我們的義務似的。當我們終於設定界線並明確表達時，反倒成了我們的不是。

這讓我想到另一位朋友和我自己的經驗：我們都曾被熟人要求協助翻譯。以我本身而言，如果只是寥寥幾句那就算純幫忙；文件類的話就視為收費的翻譯案子。我的朋友們在開口時大多會主動詢問我的翻譯費用，除了多年前一位學生曾讓我做白工，但事過境遷我也不再計較，就當學到了一堂課，但是，我的這位朋友可就沒這麼幸運了。

多年前，他有位朋友任職外商公司，總公司的大老闆經常發電子郵件傳英文資料來，他朋友在收到之後就丟給他翻譯。我朋友起初看這些資料的篇幅都很短，一下子就可以處理好，因此持續幫忙不以為意，反正只是舉手之勞。後來朋友升遷，公務越來越繁重，自己都快忙不過來了，他朋友卻還是常把英文資料丟來翻譯，而且份量越來越多，甚至要求限時完成。

於是，我朋友想到這位仁兄的女友曾留學英語系國家，找她幫忙不就成了？他朋友卻說女友太忙。我朋友聞言之後，一股怒氣直直衝上腦門。

「她很忙，難道我就不忙啊？」朋友忿忿地向對方表示。

濫用他人善意的這位仁兄，後來竟然在人前人後批評我朋友態度很差、不近人情，不過還好他們在工作上有共同認識的人。那些人告訴我朋友，這傢伙就是習慣踩著別人的肩膀步步高升，占盡了身邊人們的便宜，他的閒言閒語就別放在心上了，況且這種人真的是不幫也罷。

事實證明，如果我們過於善良，確實會餵養他人的自私自利。

界線明確，愛惜自己

一樣米養百樣人。有些人請別人幫忙時客客氣氣，即便沒有金錢報酬，事後也會誠摯感激、致贈小禮或請吃一頓飯酬謝；但有些人卻是理直氣壯，更有人利用他人的專業圖自己的方便，「反正你那麼厲害，這對你來說一定只是一塊小蛋糕，就幫個忙弄弄吧！」要知道，無論是翻譯一份文件、寫一段文字、畫一張圖或編一首曲子，都需要花費時間腦力與心血。一個美好的午後，可以賴在陽台的躺椅上耍廢曬太陽、與家人朋友相處、自己看一本好書或好電影、逛逛街或欣賞展覽、聽一場精彩的演講，甚至睡個午覺都好，為何就應該犧牲寶貴的私人時間幫你免費幹活兒呢？

我就曾在臉書遇到好幾位臉友，逕自傳訊息要我幫他們到某某網頁按讚或轉貼發文，甚至掏腰包贊助他們所謂的慈善活動。轉貼按讚雖然都是舉手之勞，但請問我們很熟嗎？我還曾遇過一位經常發文貼照片說自己又到哪裡義務分享的臉友，可能因為在動態消息看過我的發文、知道我有出書，竟然要我擔任他的出版企劃兼翻譯還得幫忙提案行銷，一副因為他持續義務付出所以我也得免費幫忙的態度，好像我欠他似的，真沒禮貌！我就告訴他，這年頭講究專業分工，建議去找專業的出版企劃人員洽談，才真正符合他的需求也更有效率。

這位臉友又發了幾則訊息想再拗一拗，我就將此狀況告知一位我們的共同臉友、也是我在現實生活中的朋友。朋友聞訊表示與此人原本就不熟，如今早已印象模糊，對於他向素未謀面的我提出這些要求也感到驚訝，不得不讚嘆此人的確是極品，還真敢要。後來我就把他解除朋友關係並封鎖。

總之，如果有任何人理直氣壯地提出要求，我們都應該把持好心中的界線，切莫縱容這樣的行為。這世界上沒有那麼多的理所當然，不幫忙也並不代表虧欠了誰。如果有人因為請求遭拒而散布不實謠言蓄意中傷，就更加證明這個忙真的幫不得。因此，我們都得學會對理直氣壯的無理要求 Say NO！

身心舒活帖

‧別急著說，先寫下來

老實說，我也曾把一兩位很親近的朋友當成情緒垃圾桶，加上網路這麼方便，讓我一有機會就透過即時通軟體或臉書私訊吐苦水。朋友們其實都很有耐心看我的訊息和與我對談，到後來他們向我反應，我才發現自己的行為已經打擾到他們了。朋友之間聊天很自然會提到彼此的近況和心情，當然這也包括令人開心或煩惱的事情，但若總是依賴朋友來排解心中苦悶，長久下來也不是辦法，因為這會對別人造成干擾，而且他們並沒有義務成為情緒垃圾桶。

我後來就想起自己小時候有**寫日記的習慣**，雖然沒有天天寫，而且寫著寫著就沒再繼續，但這卻**不失為一個排解情緒的好方法**。從那時起，每當我有比較強烈的情緒，或者想要慷慨激昂地做出回覆，我都會先用紙筆寫下來或打字存檔，隔天再拿出來看，往往心已平靜、氣也消了；有時甚至覺得前一天寫的東西真是莫名其妙，納悶著自己當時到底在想什麼，並因此而感到好笑。看完之後隨手撕掉或刪除檔案，這件事情就「過」了，情緒也獲得紓解。

每個人的書寫習慣不同。如果這樣的文字抒發是以「手寫」的方式進行，就省了開手機或電腦這道程序，而且寫完、看完就立刻撕掉丟棄，省時省電又方便。我們身邊不是有許多可供使用的紙張嗎？單面印刷的廣告傳單、單面列印的A4回收紙、被打入冷宮的便條紙等等，都是可以運用的資源。當然也可以打字存電子檔，反正看完把文件刪除即可，若真有需要存檔也不占實體空間。這就看個人的使用習慣與考量了。

許多時候，言多真的必失，一時衝動的脫口而出，往往成為下一刻的後悔莫及。在謹守自我心靈界線的同時，也別忘了建構好情緒疏通的管道，不亂倒情緒垃圾，才能保有健康喜樂與清淨的身心環境。

Unit 2 你不是任何人的終身志工

還記得小時候因為父親任職於外商公司，在家中時常跟著父母收聽、收看英語廣播和電視節目，當時家中也有黑膠唱片和唱盤，因此聽了許多古典音樂、西洋流行歌曲，也看了很多外國影集與電視節目。

另外，父母經常利用週末假日帶我們到郊外走走或在市區逛逛、用餐、看電影、看展覽或拜訪親友，其中也包括外籍朋友。等到國小高年級時，就有機會跟著眾家姐姐們一起看表演和聽演唱會，印象中我看的第一場藝術表演是雲門舞集，第一場演唱會則是空中補給合唱團（Air Supply）。

到了專科時期，有段時間我住在位於外縣市的學校附近，卻不時在放學後回臺北看表演或聽音樂會，每個月總是有這麼幾次，零用錢大多都用在這上面了，還被家人唸「怎麼一天到晚跑回來？」後來為了補托福，索性搬回家住，看表演、聽音樂會更加方便，上學則搭校車。

出國之後，在藝文薈萃的紐約市更是勤跑美術館、音樂廳和劇場，拿著折價券或到時代廣場排隊購買百老匯歌舞劇學生優待票。回國之後，我參與藝文活動的習慣一直持續至今。

人生如戲，戲如人生

多年前當我還是個上班族時，有陣子因為基於對藝文的喜愛，而想嘗試這方面的工作，但想法天真的我，後來才了解國內坎坷的藝文生態和經營藝文機構的挑戰。除非是含著金湯匙出生或後台夠硬，多數藝文團體都有很大的生存壓力，也都得想盡辦法宣傳推廣，靠申請政府補助或向各界募款來籌措經費。因這機緣而認識的藝文圈朋友，有不少是靠貸款來運作資金，真的是憑一股熱血在支撐。

想當然爾，藝文機構給的薪資如同社福機構般，通常都很微薄。當年尋找藝文工作的我，因緣際會來到一個表演團體應徵，當時由負責人本尊面試。這裡原本就有一位行政助理，但因為事務繁雜就需要更多人手。

負責人在面試過程中暢談自己的信仰與理想，而他十幾年來做的事情就是以創作的方式結合兩者。我在紐約時雖然曾在交響樂團擔任志工，但正式的相關經驗算是沒有，而表演團體可能也無法負擔和一般企業對等的薪資；然而由於雙方在面試過程中相談甚歡，於是他說或許有空時先來幫忙了解一下，建議我回去想想，若覺得可以再與他聯繫。

在當時我仍處於找工作的階段，基於對藝文工作的好奇，即使負責人對於轉正職後的薪資說法含糊，但看在他態度誠懇的份上，我後來就趁空到那兒幫忙，和才上任不久的行政助理也相處愉快，還曾在週末假日跟著他們到外縣市演出，順便了解表演藝術圈的生態，總之就是讓自己在過渡時期不至於閒得發慌，同時繼續留意其他工作機會。

我不清楚其他表演團體的詳細狀況。這個團體當時除了行政助理處理宣傳、票務及會議排程之外，非固定支薪、有演出才有酬勞的團員也不時來幫忙，或協助會計作業，或幫忙剪接宣傳短片，或者和負責人一起張羅餐點填飽大家的肚子。

我在邊幫忙邊摸索的那陣子，有一天，存放在地下室的戲服道具因颱風淹水導致泡水損毀，為此我還曾協助在臉書公開募集戲服，結果有位名作家兼廣播主持人朋友慷慨贈與兩套還很新的二手西裝，唯一的條件是演出時要註明該服裝由他捐贈。我知會負責人之後，他答應了，只不過那齣戲在我離開之後才公演，我就不知道他是否有信守承諾。

後續發生的事可就沒那麼單純了。首先是原本做得好好的行政助理突然離職。與她共事的那段日子，她認真處理份內的行政事務，同時參與排練和演出，地下室淹水也大多由她收拾整理，堪稱文武全才；最忙的時候，甚至拉男友來當幫手，怎麼說走就走呢？後來私下詢問，才知她無法苟同負責人在諸多方面的言行不一，加上學校老師有推薦其他工作機會，她看不慣就乾脆走人。

我在這兒大約待了一個多月。行政助理離職後，又有其他人陸續前來遞補她的職位，有負責人在信仰上的朋友、學弟妹、熟人介紹的後生晚輩，也有像我當初一樣是透過求職管道而來的，甚至有一兩位是我原本就認識的人。由於公務的關係，我和其中幾位往來較為密切，有趣的是我們不但成了臉書友，等我們後來都離開這兒之後，還成了現實生活中會互動的朋友。

我待在這裡的後期，機構申請到一個公辦民營的案子，負責經營新北市某個觀光景點，我也因此有機會造訪該處和翻閱營運報告書。後來，原本的營運團隊在合約到期之前已先後離職，後續的接替者卻更快地另謀高就。其實我早已聽聞藝文及社福機構流動率超高，但這公辦民營的案子一年一簽，時限之前會再度公開招標，一年之內就三番兩次替換主責人員，這速度也太快了吧？

等到我自己也離開這裡之後，我和勞資雙方都還保持聯繫。對於歷任員工及各項跨領域合作，負責人往往宣稱自己都是替對方著想卻備受虧待，例如，曾有位員工代他出席會議，竟稱自己就是機構負責人，後來仍有不知情的人這麼以為，使他不禁感嘆自己真是人善遭人欺。

但是，果真如此嗎？

原來，這位演技一等一的負責人在提到薪資或專案酬勞時，都習慣四兩撥千斤地淡出此議題，反正「得拗人處且拗人」，巧妙地把這些職場老手拗成機構志工，之後要不就以各種理由拖欠薪資，或者乾脆不認帳。唸過戲劇本科的他果然很會演。大家可真是好修養，幾乎都是認賠殺出不再追究，並沒有群起「公幹」圍剿，而是心照不宣，就當是用血汗換取人生經驗，畢竟窗外有藍天，不必再浪費時間。事實證明，每個人接下來的發展確實都比這更好。

前仆後繼來上班的前任員工當中，有幾位比我年長且工作經驗豐富，其中不乏碩博士，但無論年齡性別學歷，他們普遍都和我一樣因為負責人誠懇的態度、絕佳的說服力、理想的願景與信仰的感召（這招真的超好用，要當心！）等打動人心的手法，對一些人來說還有彼此的交情而投身該機構，但都在很短的時間內離職另謀他就。據我觀察，負責人口口聲聲的「遭人欺」，恐怕正是對方反過來加倍奉還的「現世報」。這種互動模式顯然已經形成一種惡性循環。

歷年來有過相同遭遇的人，光是我認識的算算就有十來位，真的可以組「OB會」了。

OB會是啥?OB可不是指Oral B，而是”Old Bones”的縮寫，代表「老骨頭」、「老傢伙」的意思。

我多年前曾任職的一間公司，在我前後期離職與極少數仍在職的同事們就組了個臉書OB會，多數成員至今仍不定期聚會聯絡感情。至於上述機構，近年來已未聽聞有任何演出，而是改採專案合作與空間共享的方式運作；負責人由於曾有演藝經驗而跨足廣播及演唱，甚至因本身信仰的關係赴海外演出宣教。

江湖在走，世道一定要懂。人人都有自己的一套生存法則，對於以上方式，我們心中沒有感恩，只有讚嘆，也並不打算當任何人的終身志工，因為善良必須有底線。咱們這群老骨頭都曾經好好地上了一課，接下來除了銘記在心、了然於心之外，就只能默默祝福將來會遇到他的人了。

是工作，不是做功德

求職陷阱一直以來都屢見不鮮，社會新鮮人誤入騙局的案例亦時有所聞。ETtoday 新聞雲 2012 年 06 月 14 日一篇名為〈面試陷阱／小心！你不能不知道的十大求職陷阱〉的報導披露，剛踏入職場的新鮮人，經常由於思想單純且缺乏經驗，萬一讓不肖業者趁機欺瞞，就很容易落入求職陷阱，讓自己平白無故受到傷害，甚至造成財物損失。

這篇報導引用 1111 人力銀行的調查，有三成三的受訪上班族表示，平均曾經遇過兩次求職陷阱，其中以「實際工作與刊登內容／面試洽談時不同」、「需花錢先買產品」、「發薪日不給薪水」等三項為最大宗。調查中也顯示，誤入陷阱的新鮮人以女性居多，並

隨著年齡增長而逐漸遞減。曾經誤入陷阱的受訪者則表示，經營管理和業務貿易類的職缺最容易隱藏騙局。

那麼，該如何判斷以免上當呢？

事前評估很重要，例如，先調查公司名稱是否完整？地址、電話是否正確？我個人建議先使用經濟部商業司的「商工登記公示資料查詢服務」（網址：https://findbiz.nat.gov.tw/fts/query/QueryBar/queryInit.do）進行初步篩檢，只要輸入公司名稱、統一編號或工廠登記編號，即可查詢完整的公開資訊。若您所輸入的資料查無結果，就該留意了。提醒您，公司行號有統編表示有立案，但並不代表就一定「正常」，因此您接下來可依報導中所述，在求職網站搜尋有無該公司的相關資料，或於求職社群論壇詢問該公司的評價。

除了事先做好功課之外，面試的當下也應堅守「七不原則」：不繳明目不清的任何費用、不購買公司任何產品、不當場辦信用卡或其它會員卡、不在現場簽署任何文件與契約、證件／信用卡／提款卡不離身、不飲用他人提供的不明飲料或食物，以及不從事非法工作或於非法公司工作。如果在現場發現任何異狀，只要有一絲疑慮，就應立刻離開現場或直接報警處理，以確保自身安全。

報導中還提醒讀者切勿相信以下話術，例如，「由於要幫新進員工辦理薪資轉帳，請交帳戶號碼和身分證」，或是「要先買一套產品帶回去試用，用習慣才知道怎麼推銷」。至於諸如「保證接到演出合約！但要先拍一組宣傳照給對方看，拍攝費用一萬元……」等所謂先決條件更無需理會，直接走人就好，免得白白送錢給對方。

• 身穩，心就穩

曾聽人說，做人別太善良大方，因為日子一久，別人就會覺得這是你「應該」做的，等到有天你累了、撐不住了，那些老是來麻煩你的人並不會疼惜或同情你，因為他們早就認定這是你自願的。

心腸太軟，往往容易成為「濫好人」，這個「濫」代表的是「對誰都很好」，並將此行為發揚光大如洪水般氾濫，一發不可收拾。事實上，過於遷就與忍讓，就給了別人得寸進尺、變本加厲占便宜的機會。什麼事都替別人想，那麼別人有替你想嗎？事實上，太好心只會加深自己的內傷。

我們難免有耳根子軟的時候，若加上個性單純隨和，就很容易遭人利用而不自知。穩固堅定的心理基礎，可由身體層面建立起。要活就要動，現在邀請您起身動一動，進行下列這項體驗：

一、首先，找到身體的穩固根基（grounding），也就是讓自己穩穩地「紮根」

在地上，但毋須刻意用力。請把雙腳打開和肩膀一樣寬，兩隻腳是平行的，然後開始深呼吸。吸氣時請儘量吸得慢一點、深一點，讓吸進的空氣充滿自己的腹部。吐氣時雙膝微微彎曲，把氣完整地吐出來，身體的重量朝向地板，下一個吸氣時再把膝蓋伸直。請繼續這樣重複幾次，以自己舒適的節奏飽滿吸氣、徹底吐氣。

二、輕輕慢慢地前後左右搖擺自己的身體，同時保持雙腳的穩固根基及身體的柔軟，若有需要可微微彎曲膝蓋，因為如果刻意伸直雙膝，反而容易造成肌肉緊繃與疲勞。等適應這樣的身體韻律之後，就可逐漸增加搖擺的幅度，並且視幅度增加的多寡調整膝蓋彎曲的程度，探索一下自己擺動到怎樣的幅度，仍可保持雙腳的穩固根基。慢慢地做，擺動次數以自身的舒適度為主，然後找出感覺最舒適的擺動幅度與速度，再做個幾次然後停下來休息一下。

三、接下來的步驟需要找一位夥伴參與。請再度找到雙腳的穩固根基讓自己站穩，然後請夥伴站在您的身邊輕輕地推您，她／他可以任意變換站在您的前後左右或對角線的位置、由各個方向輕推您，而您就繼續保持全身穩定站好，即便

上半身和腿部因此而略有移動，也要保持雙腳穩穩紮根在地面上。

四、請您的夥伴逐漸增加推的力道，同時持續變換站的位置，但請避免過於用力。您可先像一根穩固的柱子般站得筆直，集中身體力量抵抗夥伴的推力，幾次之後就試著把身段放柔軟，在夥伴推您時順勢側身擺動，把這股力量送出去之後就恢復穩定站姿，然後再請夥伴推，重複幾次之後就停下來休息。

五、比較一下對您而言，哪種處理推力的方式比較不費力？休息一下，再和夥伴交換角色進行上述流程。體驗完畢後可分享彼此的感受與發現。

六、將以上身體經驗轉化到日常生活中，以穩固的身體根基構築堅定的心念。在拒絕別人的索求無度時，您可以堅定拒絕，也可以理直氣柔地說聲「不」。無論採取何種方式，都是為了保護善良的您。

總之，別不好意思拒絕別人，因為隨便提出要求的人根本不在乎其他人。那些好意思麻煩我們的人，恐怕都沒安什麼好心；相反地，若別人盡心盡力對我們好、提供支持與協助，我們就要牢記在心，因為這並非他們的義務，他們大可不必這麼做。

堅定穩固的心理基礎，
請你跟著老師這樣做。

Unit 3

過度熱心，只會累死你自己

多年前，我應邀帶領一個癌友成長團體，連續兩年。第一年的團體有十二位成員，年齡從青壯年至中老年都有。這個為時兩天、每天六小時的團體，主要是以互動式體驗強化身體動能、內在心靈力量和與他人的連結。我在帶領團體之前都會規劃流程，透過活動設計達成階段性目標，但實際帶領時就必須預留彈性。人是「有機」的，團體當下的狀況未必皆如預期，可能需要有所調整，接著視團體發展再適時帶回原先的方向，隨著時間的推移逐漸導向整體目標。

這個團體的初期目標，是讓大家體驗和學習呼吸和放鬆技巧，再藉由身體自然的律動活化筋骨、舒展和流動身心。考量到團體成員的體力，我就以放鬆深呼吸展開課程，接著引導大家用一根手指頭開始伸展。這時，我發現年輕的成員和機構人員比較自在，較年長的成員就顯然尚在適應，因此我就說出當時看到的一些具開展性和力量的動作，以口語帶動她們把身體整個打開來，再運用諸如落葉、海浪等明確意象鼓勵大家嘗試各種動作質地。

我發現大家對於椅子相當依戀，因為坐著動比較不累，而且這對他們來說也是一種支持和安全感。於是我靈機一動，結合椅子和舞蹈／動作元素，引導大家進行「和椅子共舞」的肢體創意，先是每個人和自己的椅子互動，接著發展到兩人一組、撤掉椅子，以及小組集體即興創作，讓她們熟悉與拓展自己的身體語彙、與他人合作。每個人在過程中都不忘彼此觀摩，但大家其實都很有創意，像是有一組就以集體雕塑「不倒翁」體現抗癌歷程。第一天上午最後的大團體雕塑，我也成為作品的一部分，和大家共同經歷「合為一體」移動時的身心感受。

第一天下午和第二天陸續進行了在音樂中呈現相對應的動作質地、以「花」的意象連結個人特質與自我生命歷程、運用紙彩帶和彈性布創意舞動與角色扮演，紓發與疾病共處的身心感受，以及支持與被支持的互動體驗。最後，我請大家自由繪畫整理兩天的經驗和感想，然後在輕柔的樂聲中分享自己的畫作。令我印象深刻的是，癌症這份「禮物」和堅定的信仰，讓她們比一般人看得更深、更透徹。這份源自生命底層的澄明，在其他團體很少見。

隔年我又前去帶團體，這次的成員包括病友家屬和一名志工，也有幾位去年的成員，再度相逢非常開心。這次，我帶了一位劇場朋友以戲劇活動進行第一天的課程、我在現場觀察團體發展，第二天再由我接手。朋友的帶領風格很幽默逗趣，過程中大家笑聲不斷，很有放鬆紓壓的效果。

第二天的內容則偏向自我體察與身心安頓。我在下午第一場體驗時，先發給每個人幾張小紙卡和筆，然後請團體成員分散開來，找一個位置做為起點站好，接著說明待會兒要請大家依照口語引導，向前走一步就代表某個人生階段，例如五歲、十五歲……一直到現階段，每走到一個階段就用紙筆畫出簡單的線條、符號或形狀代表該階段，完成後把紙卡有畫的那面朝下放在雙腳前方的地上，這樣就不會有其他人看到，然後再進入下個階段，結束時就形成個人生命軌跡。這時，那位志工開口了。

「老師，為什麼要畫畫？」她問。

「是為了讓大家體驗多元創作媒材，所以才會安排戲劇、繪畫等表達藝術媒介。」

「為什麼一定要畫畫？」她又問。

「如果不想畫沒關係，寫一個或幾個字，或以簡單圖文標示皆可，主要是方便記錄，而且只有自己看得到，並非要展覽或比賽。」我說明得更仔細。

怎知她依然糾結於此，對於畫畫一直耿耿於懷，我和幾位成員繼續安撫，好不容易才平復她的情緒，終於可以開始了。接下來，每個人靜靜地依照口語引導走過自己從小到大的生命軌跡，完成後，我就請大家退到一旁轉身看著自己的生命軌跡，同時體會當下的身心感受。

體驗結束之後，我請大家把自己的畫收好拿著，接著把椅子排回成一開始的大圓圈，然後坐下來自由分享剛才的歷程，是否一併分享畫就看個人。最先分享的成員提到自己初

入社會和發病前的階段，另一位則提到自己的青少年時期。這兩位成員的分享比較簡短，接著先前不願畫畫的志工開口了。她首先提到自己現階段的狀況，然後……

「我剛好有帶照片，想和大家分享。」她的眼睛一亮。

我問了其他成員的意見，大家都同意，於是她走到一旁在自己的包包裡翻了翻，拿出幾本小相簿，然後興致勃勃地回到位子上，打開其中一本就介紹了起來，這些大多是她在志工服務時所拍的照片。原來她是主責志工，服務病友的大小事都由她規劃統籌，再分派給志工小組長執行。她滔滔不絕地開心分享，有幾位成員也湊過來打開其他相簿看。

「咦，這不是我們那次去郊遊嗎？」一位成員指著相簿裡的一張團體照。

「對啊對啊！」志工女士愉快地回答。

我一邊看照片，一邊觀察團體的發展。根據志工從早到目前為止的狀態，我感覺她其實很需要「舞台」。她優秀盡責、儀態出眾，是醫護人員和病友深深信賴的志工大家長，所有細節都要求盡善盡美，也因此贏得眾多掌聲。我稍後才知道，原來她自認不擅長繪畫、畫得不夠好，所以才這麼抗拒。是啊，怎能讓這影響自己完美的形象呢？！

我耐心等待志工女士分享完，因為這多少干擾了團體進行，把焦點轉移到她個人身上了。這現象的成因主要是：她不願在團體中進行自己認為的弱項（繪畫），而以自己的強項（照片呈現的服務成果）轉移團體焦點。

等她好不容易終於闔上最後一本相簿，我就問她分享這些照片的感覺。

「很開心啊……我們每次都花好多時間準備活動，」她說道。「我就負責分配工作，但還是好忙好忙……」

原來她雖然已分派各項工作，卻總是不放心，所以習慣又把工作拿回來自己做，往往忙到很晚才能就寢。她接著提到令自己深感驕傲的兒孫媳婦，講完後又說經常幫要好鄰居的忙。看來眾人的大小事，都是她的心頭事。

「妳孫子的作業給妳兒子媳婦看就好啦！」一位成員建議。

「他們有看啊，但是我不放心嘛！萬一有錯沒看到怎麼辦？」志工女士回覆。

凡事親力親為，不忙不累才怪。

她接著說孫子寫功課很慢，經常要等寫完才能幫他檢查，如果有錯還得花更多時間教他訂正等等。語畢，又提到兒子媳婦和其他親人，說自己如何關心他們，但未必人人都心存感激，讓她感到精疲力竭也有些感傷，說著說著眼眶就微潤了。

「我感覺到妳對他們的付出，還有妳的疲倦。」我做出回應。

她仍是一臉委屈。問題是，並沒有人要她包山包海啊！

「兒孫自有兒孫福，妳自己也要好好享福，不要那麼累啦！」剛才提議的那位成員又說。

「對啊！妳那麼用心照顧我們，孩子的事情他們自己會處理。」一位病友家屬跟著搭腔。

幾位成員接著附和，她也逐漸平靜下來，臉上又浮現出笑容。

這讓我想到一位學生，也是非常聰明優秀又熱心，經常在臉書社團發起聚會，然後興沖沖地開始規劃主題、統計時間和找地點。起初還有幾位同好參加，後來大家各忙各的，參加人數越來越少，然後就不了了之，臉書社團也久久才有一篇發文。

突然有一天，我在臉書看到這位學生的發洩文，內容大略是自己是多麼辛苦辦活動，也主動連絡很多事情，但是原本就很忙，東奔西跑真的很累，更容易因此產生負面情緒，卻沒什麼人能理解或幫忙，真不知為誰辛苦為誰忙！

我還遇過一位媽媽，經常感覺自己慣用手臂的前端和肩膀連接處有痠痛的現象，卻一直找不出原因。徵得她的同意之後，我用雙手輕輕觸碰那一側的肩臂連接處，加深她對該處的身體意象，再把一隻手放到她另一側相對應的區塊，就明顯感覺慣用側的肩臂連接處很沉很緊繃。我問她是否經常把別人的事情攬在自己身上？

「妳怎麼知道？！」她有些吃驚。

身心是一體的。內心的緊繃和疲累，會在身體上顯現。身體很誠實。

與她核對之後，原來她和那位志工女士一樣，經常為晚輩們操心，而她操心的對象都已經成年了。我告訴她，如果想舒緩這個不適，就得開始對自己好一點，晚輩都那麼大了，會懂得照顧自己的。我說完之後，她點點頭。

熱心也要有底線

熱心也會出人命。根據微博《頭條新聞》報導，今年2月13日在山西大同一位十七歲女孩好心想幫一名男子察看剎車問題，竟遭男子騙至車內姦殺並將屍體肢解焚燒。《思想聚集》的一篇文章則透露，幾年前在別處也有一名同齡女子小萱因好心送孕婦譚某回家，遭其引誘喝下摻安眠藥的酸奶，昏迷後竟遭譚某丈夫性侵，然夫妻倆因害怕東窗事發而將之殺害並棄屍荒野。小萱於案發前曾向朋友報平安，表示已經送一位孕婦阿姨安全到家，怎知這句暖心話語竟成了善良的她最後的遺言，令人不得不感嘆，魔鬼真的在人間！

我們每天都必須和相同或不同的人接觸。在人際關係中，「古道熱腸」、「熱心助人」

一向是陽光正向受歡迎的美德，若擁有這項人格特質，往往會贏得眾人的讚賞和信賴，也可能進而受到請託。主動或受託助人確實很好，只是各人的時間狀況、忙碌程度、體能狀態都不同，有的人可以外出趴趴走一整天依然精神奕奕；但有人卻連擠出一點點時間喘口氣都很困難，這就是為什麼志工多半是在時間、經濟上擁有餘裕的人。

另外，有些人非常熱衷社團或社區服務，卻忽略了家庭關係，花在別人身上的時間遠超過和家人相處的時光；對外總是笑咪咪，對內卻很沒耐心。

所以**在熱心助人之前，不妨先想想這真是對方的需求？或者我們為了突顯自己很能幹，一股熱血其實是用來肯定自我？還是為了討好別人？想去幫忙的那件事情，是否根本就是對方自己該負的責任？畢竟，我們無須插手別人的人生。**

另外，自己主動發起的事，他人未必也需要，頭幾次或許會有人來捧場，但若逐漸感到這對自己而言並非絕對必要、時間精力應該放在真正需要的地方，就很有可能後繼無力、草草收場。這時可以自問：

「是否做了自認為別人期待你去做的事？」

「助人是否會讓自己陷入險境？」

「是否因忙著在外的見義勇為，反而冷落了最親近的家人？」

「行有餘力、量力而為、安全第一」都是耳熟能詳的老話。藉這個機會再次提醒各位讀者，可別熱血過頭而讓自己心力交瘁。

身心舒活帖

• 越走越樂活

美國舞蹈／動作治療先驅瑪麗安・雀絲（Marian Chace，1896-1970）原是現代舞者，後來離開表演舞台從事教學。在教學過程中，她發現有些學生習舞多年，舞技沒有太大的進步，但仍持續來上課，因此感到好奇。這些學生表示學舞之後，本身的情緒狀態比學舞之前穩定許多，對於身體的情感表達也很有興趣，於是她就開始鼓勵學生以肢體動作進行自我探索，幫助她們卸下心理的負擔，促進身心健康。

這是因為我們在動的時候，不但情緒得以疏通，身體也會製造出多巴胺，或稱腦內啡，讓我們感到心情愉快，同時也降低了壓力荷爾蒙可體松的濃度。熱心的人通常行動力都很強，經常到處奔走閒不下來。只不過，若是因為熱心過度而疲於奔命，恐怕感受不到腦內啡所帶來的喜悅。因此，何不從現在開始「為自己而走」，無論是心情大好，或覺得這世界虧待了你，都出去走走吧！

根據研究統計，有走路習慣的人，可減少兩到三成罹患憂鬱症的機率，也有

益心臟血管健康。

- 每天多走一千步可以降低血壓。
- 每天快走十分鐘：相當於 1.5 公里，約莫是三千步，可以維持兩小時的好心情。
- 每天走二十分鐘：能降低第二型糖尿病風險三成五到五成、阿茲海默症風險兩到三成五。
- 長者一週走路三次，每次四十分鐘：連續一年下來，腦部掌管認知、記憶與情緒的海馬迴容量將增加百分之二。

由此可見，我們真的可以「走」出記憶力和情緒調節力。

至於為什麼是快走而非悠閒漫步呢？由於快走當中有較多時間是處於喘氣的狀態，這會使心跳加速，而快走其實就是要讓心跳加快。英國雪菲爾哈倫大學（Sheffield Hallam University）教授柯普蘭（Rob Copeland）指出，**已有許多證據顯示這可降低糖尿病、心血管疾病與某些癌症的罹患率；**若時間許可，每天花一、兩個小時走路，還能減少三分之一的中風機率。

每天走路比偶爾運動更有助於維持骨質密度，也能保有良好的體態與身體機能。隨著年齡漸長，人體靜脈曲張、骨質疏鬆與肌肉流失的機率大增，不但影響身體健康與行動力，雙腿的線條也會走樣。若能養成走路的習慣，就算已經年過半百，依舊能驕傲地穿上短裙短褲展現結實有力的健康美腿。有趣的是，美國疾病管制局（CDC）發現，越多人以開車代替步行的州，體重過重的人口就越多。事實上，規律的步行，不但可提升胰島素的敏感度，更能降低腹部脂肪囤積，接著您可能會發現，原本已經穿不下的衣服，現在又可以穿了。

來吧！出去走走，換得一身神清氣爽！

Unit 4 有人的地方，就有江湖

以往若要觀賞櫻花盛開，通常都得飛到鄰近的日本，像我一位朋友每年都會到日本京都賞櫻並樂此不疲。

如同當年風靡全台的葡式蛋塔和再度熱夯的夾娃娃機，近年來國內種植櫻花的風氣也相當盛行，現在不用出國就能賞櫻，像新北市淡水區天元宮和臺中武陵農場等地，都成為民眾賞櫻的熱門景點，不但有臉書粉絲專頁即時報導花況，廣大網民也紛紛熱情上傳美艷的櫻花玉照，成為冬春交替時的網路盛況。

今年農曆春節隔週的醫院舞療團體結束後，我和其中一位實習生聊到了賞花這件事。我們都喜歡到處看花拍花，原本打算同遊一處郊區賞櫻景點，但因地點關係只能開車去，而我們都搭大眾運輸工具，所以只得作罷。其實對許多人來說，賞櫻無須遠遊，搭捷運、公車照樣輕鬆可行，更省了找停車位。實習生過年時曾就近前往淡水天元宮和鄰近的楓樹湖賞櫻，對當地景致讚不絕口，於是過幾天當我在臺北近郊上完課，午餐過後心血來潮，就趁著平日人少動身前往楓樹湖。

實習生雖已事先告知哪些公車有到楓樹湖，但等我到了淡水捷運站之後，一時之間找不到這些站牌，後來看到一輛賞櫻公車就跳了上去，刷卡坐定才發現沒到楓樹湖，只得在天元宮下車再走過去。到站下車後得知賞櫻期間有加班公車，於是我先拍候車處旁唯一一株盛開的櫻花樹，接著由現場人員引導坐在他們所擺設的紅塑膠凳上等接駁公車。

稍後，一位戴著草帽和太陽眼鏡的女士坐到我旁邊，不一會兒我們就聊了起來。她說過年期間天元宮櫻花盛開，一大片花海美不勝收，由於不同品種櫻花的花期各異，接下來要等到三月下旬才能再欣賞美麗的花海；我的實習生也這麼說，她們果然都是追櫻一族。

在搭車和邊走邊找楓樹湖入口的途中，我和這位自詡為「淡水原住民」（土生土長的淡水人）的退休女士一起問路、找路、爬坡、賞花和互相幫忙拍照。好在有搭上接駁公車，否則從天元宮走到這兒可遠了。

賞櫻的一路上，我們相談甚歡，途中還遇到她以前的老同事，彼此寒喧問候。三月初豔陽高照的溫暖午後，楓樹湖除了溪流、小瀑布和櫻花之外也盛開著木蓮花，讓我們彷若身處世外桃源。賞花民眾紛紛忙著用鏡頭捕捉精采畫面，也有人拿起手機現場直播，相當熱鬧。接觸大自然、聆聽潺潺溪流、欣賞花兒的風姿綽約，真令人心曠神怡。

我和這位女士開心地互相道謝、感恩彼此的陪伴，也趕在下午四點半前來到公車站牌，她先搭普通公車回家，我則搭最後一班免費社區小巴到淡水捷運站。她上車之後坐在靠窗座位向我飛吻道別，我也一直對著她揮手；雖不知彼此姓名，卻是一段美好的共遊時光。

城市小旅行，也會有令人暖心的驚喜。

一位朋友也曾在兩年前應邀赴中部賞櫻。邀她的朋友常在媒體曝光，擔任過產品代言

人還出過書，是一位喜歡運動和園藝的名人，當時正在一片私有林地試種櫻花。她那時剛好向這位朋友請教一件事，接著就受邀在連續假期加入賞櫻之旅。原來，她朋友正要舉辦社團聯誼，已包下一間大型民宿，揪團號召各路人馬一起賞櫻。

「剛好還空著一間小木屋，他就招待我去玩。」朋友說給我聽。

「竟有如此好康！那妳就這麼去囉？」

「是啊……妳也知道我那時剛休養完不久，一個人窩在家很悶，想說出去散散心透透氣也好，反正行程很輕鬆，又有那麼多人一起，就答應了。」

「除了妳朋友之外，還認識其他人嗎？」

「那還不簡單，」朋友向來瀟灑爽快，「去了就認識啦！」

等她依約來到集合地點之後，這位名人就向她介紹他的朋友們，其中一位是他的日本老同學，趁休假飛來臺灣玩幾天。名人介紹我朋友和他同學認識，並表示他臨時有事要處理，很遺憾無法和大家一同午後賞櫻，加上其他人大多不諳英、日語，就拜託英語很溜的她多多關照，還讓兩人互加臉書和 Line 方便連絡，他自己會在傍晚開車到餐廳等大家。

「所以……是被找去當翻譯地陪的呀？」

「啊知……到了才跟我說，」沒什麼心眼兒的朋友只得聳聳肩。「我想天下沒有白吃的午餐。」

她接著提到當天的賞櫻概況。她和這位日本人先是禮貌地互相問候，然後賞櫻時就一起聊了彼此的工作和興趣。

我問：「總不會一整個下午都在聊這兩件事吧？」

「當然沒有。反正我三不五時就把話題轉移到櫻花上，剛好日本那麼多櫻花，我就做球丟給他，問他這些和那些櫻花，再聊我朋友種櫻花，然後聽他講就夠了。」

好不容易到了傍晚，一行人浩浩蕩蕩抵達餐廳。這時名人再度出現，可想而知我朋友和他坐同一桌，而日本人就坐在他倆之間。

「還好我朋友能言善道，吃飯時大多是他自己和日本人講話，我總算還能好好吃頓飯。」朋友又笑著說。

真的，吃飯皇帝大。

由於沒有Spa或健身房可待，加上天色已暗，大家飯後都各自回小木屋休息去了。妙的是，這位名人此刻又說要開車回老家一趟，當晚就留在家中，隔天早上再過來。

「終於可以不用再當翻譯了，」朋友繼續說著，「自己一個人住小木屋真爽！」

才剛這樣想，正當她舒服地坐著看電視時，她的手機響起了Line的訊息鈴聲。拿起手機一瞧，是那位日本人傳來的。

「妳現在在做什麼？要不要我過去找妳聊聊？」朋友看到那日本人的英文訊息，心想：「有沒有搞錯啊？都幾點了還聊什麼聊，我跟你很熟嗎？你到底幾歲，懂不懂禮貌啊？好不容易可以一個人安靜一下。」於是朋友就回訊息跟他說已經很晚要休息了，明天見。對方一聽也識相地道聲晚安。朋友就繼續看電視，但卻越想越不對勁。第一次見面就這麼問很唐突；重點是他已經結婚了。

話說至此，不得不令人合理懷疑事有蹊蹺。那位日本人或許是一廂情願，但若沒有他的名人老同學推波助瀾，就不會製造出這樣的機會。想到這裡，我不禁替朋友捏了把冷汗。

「反正門窗本來就有鎖好，我過沒多久就關電視睡覺。」

她總算發現苗頭不對，便開始提高警覺。

「第二天我比較晚去吃早餐，那時候餐廳已經沒剩多少位子，後來露天座位區有人吃完離開，空出一張桌子，我就去坐。視野還不錯呢！」

當她拿好食物回座之後，抬頭看見斜前方那桌的日本人和其他幾位團友，正在招呼她過去一起坐，但她以目前的位子才看得到風景為由婉拒了。

「拜託！到了這時候誰還想再跟他說話？我才不換位子呢！邊吃邊看風景多好！」

「那麼接下來還有心情玩嗎？」我問。

「這可不會破壞我的興致。」朋友接著說，「我們早上是自由活動，我就先到處逛逛拍照才去吃早餐，所以等他們吃完走了我都還在吃，就這樣把時間錯開，等要集合才提著行李去 check-out。」

她可真是隨機應變、隨遇而安。歹戲總算不用拖棚，確實可喜可賀。

「我朋友要帶日本人到他老家看看，我就和其他人一起到高鐵站，準備搭車打道回府。」

她離開時還不忘禮貌地向兩位男士道別，但不會再有下次了。趁著高鐵沿途停靠之際，朋友好整以暇地逐一打開臉書和 Line，解除和這兩位的朋友關係並封鎖他們，從此不是謝謝再聯絡，而是再見不聯絡、慢走不送。這趟以機智化險為夷的「賞櫻歷險記」就此告一段落。

「所以，天下真的沒有白吃的午餐。」這是她的結論。

江湖，是險惡的

有句話說，最危險的地方就是最安全的地方；然而有些時候，最安全的地方反而是最危險的地方。許多身心侵犯的案件，都是由受害者熟悉的如家人、近親、同學朋友或其家人所為，事發地點就在自己或這些人的家中，甚至是接連發生。最親近信賴的家人親友，竟也有可能成為加害者，倘若遭遇這樣的不幸，真是情何以堪！

由美國開始的「我也是」（MeToo，發音同「咪兔」）運動，自去年起逐漸於包括台灣在內的世界各地發展，如同星火燎原般在全球引發一波新女性運動，鼓舞各國受害者勇敢出面對抗性侵與騷擾，包括好萊塢名製作人溫斯坦在內的多位美國知名導演、演員及幕後工作人員紛紛中標。

這把火接著延燒到韓國，導致一名被控性侵的演員自殺，有的教授遭到停職，而有「總統接班人」之稱的政治明星安熙正則被開除黨籍後

延伸閱讀

《求生之書：危險年代裡，如何確保安全》，蓋文．德．貝克（Gavin de Becker）／著，梁永安／譯，台灣商務，1998。

閃辭。全球各地也有諸如政客、宗教人士、運動教練等人遭揭發、指控，亦不乏男性受害者。對這些勇於開口的人而言，這畢竟是很深的傷痛，然而不知還有多少人尚未說出口，仍痛苦地活在黑暗的陰影中？

在全球擁有廣大歌迷、曾數度來台並捐款賑災的美國天團聯合公園（Linkin Park）主唱查斯特．班寧頓（Chester Bennington），於美國當地時間2017年7月20日早上九點，被發現在洛杉磯自宅內上吊自殺身亡，享年四十一歲。他在幼時曾遭年長男性友人性侵，在心中留下揮之不去的夢魘，他自己後來也深受酒精和藥物成癮之苦。

他的詞曲創作和嘶吼吶喊般的特殊嗓音，似是宣洩多年來的掙扎與創傷，甚至像在控訴。遺憾的是，即便得以透過歌聲抒發內心感受，並因此贏得全球歌迷的支持和愛戴，名利雙收的查斯特卻依然選擇結束自己短暫的生命，只因對他而言，再多的成功與掌聲都無法抹滅這道深沉的傷痕。

成長和成名，是要付出代價的，除了時間金錢血汗之外，有時還得獻上自己寶貴的身體。演藝人生或許離諸如你我等普羅大眾非常遙遠，我們這群平凡的大多數亦無須疑神疑鬼、提心吊膽，然而這並不代表我們就可以掉以輕心，在日常生活中仍應注意自己的人身安全。我的一位學妹，多年前就差點兒遭開車送她回家並暗戀她已久的異性友人非禮，好在對方只是說出想法，並未付諸行動，也及時懊悔並鄭重道歉，否則後果不堪設想。

江湖在走，sense 不能沒有。當感受不好，該拒絕的時候，就該清楚明確的表達，讓對方知難而退。若必須單獨和異性友人碰面，最好約在公共場合，只享用自己去拿或親眼看著服務生送來的餐飲，吃喝完畢再使用盥洗室，儘量搭乘大眾運輸工具，善用眼角餘光觀察與留意周遭人事物，周圍若有可疑人物請速至鄰近店家求援，並留意時間可別太晚回家。

另外，出門前也可告訴家人自己要去哪裡、與誰會面及大略的時間範圍，並保持手機暢通，外出旅遊就留一份行程表給家人或可靠的親友。有些人習慣以網路發文報平安，攜帶防身用品或學習防身術也都是可行的方式。

總之，有人的地方就有江湖。千萬別因一時疏忽或貪小便宜，造成無法彌補的悔恨，傻乎乎地被賣了還跟對方說謝謝！

身心舒活帖

• 讓身心更靈敏

百密難免總有一疏，人，很難時時刻刻都處於警戒狀態，因此，如何訓練自己在必要時，不論在思維或動作上都能更靈敏以備緊急狀況之需，就更顯重要了！

大腦適能（Be Brain Fit）網誌作者迪恩．奧爾班（Deane Alban）在〈改善專注力的聰明方法〉（Smart Ways to Improve Concentration and Focus）一文中，為網友們提供了一套名為**「番茄技法」（Pomodoro，義大利文「番茄」之意）的方式，來提升專注力和靈敏度。這是由一位義大利籍研究生所創，用來幫助自己更專心讀書。**那麼，為何名為「番茄」？又該如何進行？且看下列說明：

首先，您需要一個定時器，無論是實體或線上的皆可。「番茄技法」的創始者當初是用番茄造型的廚房定時器，於是就以「番茄」為這項技法來命名。現在，請選一個您想心無旁鶩、專心致志的事情，例如畫畫、構思、寫功課、找資料、整理筆記、運動、做家事或烹調食物等等，任何一件你想專心做的事情，然後排除所有干擾，例如，將手機關機。若選擇使用線上定時器，請用電腦連接網路，以避免手機上網可能會帶來的干擾，並確認自己的狀態和環境是舒適的，也請周遭的人別來打擾您，除非發生地震或失火了。

接下來，把定時器設定在二十五分鐘，然後將所有的注意力全神貫注在您要做的那件事情上。過程中若感覺快要分心了，就提醒自己只要再這麼專注幾分鐘就好。

當定時器信號音響起，就表示時間到了。請休息五分鐘，起來走一走，喝杯水或其他飲料，舒展一下身體。當您再度準備好時，就選另一件需要高度專注的事情重複上述流程。

每一段「番茄技法」並不只是讓您花二十五分鐘高度發揮個人生產力；事實上，您是在訓練大腦阻絕分散注意力的因子，並學習如何維持更長久的專注力，讓自己在動靜之間加倍靈敏警覺。

「番茄技法」專注力訓練流程：

選擇專注事件↓定時器設定25分鐘↓手機關機、人員清場↓計時開始，全神貫注至訊號響計時結束↓休息5分鐘↓重新再次設定，重複訓練。

chapter 2
愛情篇

Unit 1 做別人期待的你，還是你自己？

很久很久以前當我還在唸專科時，學校規定一年級的外縣市新生都必須住校，如果要在外面租屋必須知會校方，教官會安排時間來察訪。因為我家和學校在不同縣市，因此我這菜鳥新生就和多數同學們一樣住在學校宿舍，與同樓層的同班和隔壁班的女同學們，共度了許多歡樂時光，聽了很多音樂，也吃了很多零食和泡麵，到了專二才和幾位同寢室的同學在學校附近租屋而居。

還記得那是頂樓加蓋的雅房，我和另外兩位同學住在面對馬路有窗戶的邊間，另一位同學自己住一小間，然後一位學姊住另一小間。我們經常互相串門子閒聊，分享零食和校園八卦，有時也會有其他同學過來聊天、寫作業、借筆記等等，偶爾因為聊天聊得太過癮或K書準備考試而大伙兒一起熬夜，第二天硬是撐著眼皮走到教室，強打起精神邊聽課邊對抗瞌睡蟲……。當時還不用煩惱畢業之後即將面臨的22K問題，每天都開開心心的，真是一段不識愁滋味的歲月啊！

獨自住一間的那位同學和學姊因為在同個社團，所以她們經常互相交談和一起返回住處，有時候就順便從外面帶些好吃的回來和我們分享。有天晚上她們回來之後，照例帶了些滷味，我當時剛好正在走來走去搬東西，不過在走廊上就聽到她們幾個女生開始women's talk，聊開吃開了。

「滷味趕緊趁熱吃，冷掉就不好吃了。」活潑開朗又阿莎力、喜歡開玩笑也一向很照顧我們這群學妹的學姊叮嚀著。「我聽同學說這家滷味很好吃，今天社團剛好比較早結束，就去買了。妳們吃吃看！」

因為我和其他兩位同學住的這間最大，自然成為眾人集會所在。我放好東西之後回房，立刻加入分食的行列。有這麼暖心的學姊，真是學妹們的福氣啊！還有，滷味真的很好吃。

吃著吃著，大伙兒就打開話匣子，從社團活動、考古題、家人聊到班上同學。這時，學姊提到自己的一位同班同學、長得很清秀甜美的另一位學姊。我知道這位學姊，印象中她好像有參加過校內的一些比賽，但和她並不熟識。

「……她明明是個甜姐兒，人緣也很好，真搞不懂為什麼要這樣？」

可能是滷味真的太好吃了，我一股腦兒地大啖美食，沒能跟上聊天的進度，於是趕緊回神洗耳恭聽。

「芸芸學姊怎麼了啊？」自己住一間的同學問道。

「唉，還不是她那個男朋友……應該說是前男友。芸芸功課好、人長得漂亮又有才華，根本犯不著這樣啊！」

芸芸學姊到底怎麼了？

「再這樣下去，我真想把她抓起來K她的頭，看她會不會清醒一點。」學姊繼續說道。

原來，芸芸學姊原本有一位交往了好一陣子的男朋友，聽說儀表和家境都還不錯，但是最近這位男友變心了，開始和別的女生交往，對她越來越冷淡，卻也沒明說要分手，完全就是蓄意冷處理。

「也不想想那個傢伙是怎麼對自己的。如果是老娘我早就跟他拍桌子翻臉了，還等到現在！」

學姊真的很替自己的同學打抱不平。或許，芸芸學姊捨不得這段感情吧？感情的事情大多真的不足為外人道，只有身在其中的人才能深刻體會箇中滋味。

「在一起那麼久又怎樣？人家都不要妳了，還巴著他幹嘛？」學姊說完就喝了一口飲料。

這麼忿忿不平地說了這麼多話，想必很容易口渴。

「會不會因為分開來會更難過，所以寧願先這樣子，等那個男生回心轉意？」一位與我同寢室的同學提問。

「最好是能回心轉……轉個頭啦！」學姊顯然很不以為然。

「她啊，」學姊又喝了一口飲料。「每天早上一大早要趕校車來學校，放學搭校車回臺北之後，都會繞到那個男生的學校，看看能不能等到他下課，但常常是根本等無人。誰知道那個人有沒有來上課！」

那個年代還沒有網路、手機，甚至連BB Call也尚未普及（糟糕，洩露年齡了！），所以根本也還沒有即時通軟體這種東西，要聯絡只能靠打電話、寫信或託人傳話。

「她是有遇到那個男生的同學，也有請他們幫忙傳話，但就算是把話傳到，那個傢伙不理不睬又能拿他怎樣？」學姊替自己的同學感到無奈。「芸芸頭腦那麼好，反應很快，常當班級幹部，大家也愛找她幫忙解決疑難雜症，怎麼遇到感情的事就腦筋秀逗變成另一個人了？我如果和她一起搭校車，一定親自把她押回家讓她爸媽看著，搞什麼鬼！」

「那後來呢？」不一會兒，眾人終結滷味，我於是開口發問。

「後來……」學姊邊說邊搖頭。「妳們知道她怎樣嗎？她不是每天早上都要很早起來搭校車嗎？從上禮拜開始，她就更早起來親手做早餐，做好之後出門先搭公車到那個男生住的地方送早餐給他，然後自己再趕去搭校車，說什麼那個男生就是喜歡溫柔體貼、賢妻良母型的女生，也愛吃她做的東西。各位，送早餐耶！天天喔！」

我們學校的校車都是早上七點以前就發車了，如果沒趕上只好自己去搭國光號。這樣倒推回去，芸芸學姊是要多早起床啊？我一聽都想睡了。

「她覺得這麼做可以挽回那個男生的心。」學姊再度拿起飲料，卻發現已經喝完了。

「我實在很佩服她那麼早起，而且還都能不遲到趕上校車，但是她這禮拜開始就沒什麼精神，上課還會打瞌睡，這樣真的太不像她了！好在旁邊的同學都會提醒她，也沒被老師發現。」

「是因為這男生長得很帥嗎？」另一位和我同寢室的同學問道。

「蟋蟀都比他帥！」學姊「砰」一聲用力放下飲料。「唉呦，我的大小姐啊！長得帥有什麼用？能當飯吃嗎？長得再帥，人家都已經變心了，還有什麼戲唱？」

我們這群學妹都沒見過這號人物，不知是各人審美眼光不同，還是學姊在說氣話？不過，如果真的是因為那麼在乎外貌而讓自己如此委曲，這到底值不值得？

「像她條件這麼好的女生，站出去鐵定一大堆人追，我都羨慕得要命。我們都勸過她好幾次了，但她就是這麼死腦筋，把自己搞得那麼累，那個傢伙吃了她做的早餐也還是那副德性，真是令人生氣！」

這不只是身心疲憊，還有自尊心的議題。

「當局者迷，旁觀者清。」自己住一間的同學再度開口。

「那她是還要再迷多久？又不是迷劉德華！我在旁邊看得都快頭暈了。」學姊說完摸了摸自己的額頭，然後把落在額頭上的瀏海向後撥。「我們班男生還說要去堵人找那個傢伙算帳，她也說不要。她到底是在想什麼啊？」

記得和她同班的另一位學姊曾開玩笑說，他們班同學的感情很好，而且大多忙於社團活動，不像隔壁班的人多半很用功讀書準備考插大，所以他們班是「有人緣、沒前途」。雖然不見得所有的人都希望其他人知道自己的情感困擾，但話說回來，能夠擁有這麼關心自己、甚至願意因此挺身而出打抱不平的同學們，應該很值得欣慰吧！

由於我從專三起就搬回家住，也和芸芸學姊一樣搭校車通學，但我們並不是搭同一班車，加上放學之後就立刻搭上校車，沒什麼機會在課後和之前一同租屋的學姊和同學們吃喝聊天，芸芸學姊感情事件的後續發展就不得而知了。

外貌協會可靠嗎？

去年我利用公餘時間參加了一個課程，在班上認識了幾位婦女朋友，當我們漸漸熟識之後，彼此就開始聊起家中的種種，於是就聽到她們提到自己的另一半。

有位同學在學生時代就認識了她的先生，經過幾年的交往之後，其實她當時就知道自己一直在隱忍對方的壞脾氣和不時的冷言冷語。然而，「我就是看他長得很體面啊！這樣走出去多麼風光！」所以即便明知對方個性如此，她終究還是選擇與對方結為連理。

結婚之後，她努力扮演好妻子、媳婦、母親和職業婦女的多重角色，達到公婆和先生的期待、甚至做得更多，但她還是得繼續面對先生的情緒爆發和冷嘲熱諷，而且加碼一併承受來自公婆和其他夫家成員的挑剔與奚落。為了孩子，她都一一承擔了下來。

雖然她並沒有因為步入婚姻而離開職場，對於自己的謀生能力也有一定程度的自信，但長期在辛苦上班一整天之後，回到家還得面對一顆不定時炸彈，任誰都會感到心力交瘁、氣力耗竭；即便有自給自足的能力，但她仍選擇繼續忍耐以守住這段婚姻，只因為「這是自己認定的，如果放棄豈不就輸了？」

另一位較為年輕的同學，她先生反而比較年長，是個很嚴肅的人，脾氣也不太好，經常挑她和孩子們的毛病，有一點點不合他的意就會開罵，讓他們經常感覺被罵得莫名其妙。

那麼當初為什麼會被這位男士吸引？

「因為他長得很高很帥啊！我就是被他的外表騙了，哈哈……」這位同學倒看得開，因為孩子還小，這些年來她已經學會不讓另一半的行為和情緒影響到自己的心情，日子照樣過，同時把生活重心放在孩子身上，最近也終於向先生爭取到出來上課。

很多人都說男性是視覺系的動物，但有不少女性在擇偶時也很注重對象的外表，這可能是基於「優生學」的緣故，我的一位朋友如是說。誠然，一個人的外表和性情並沒有絕對的正相關，長得俊美的人，也未必都是壞脾氣或壞心眼；反之，也有人是面惡心善的。但若一昧執著於外貌，或以表象來衡量其他各方面，甚至刻意忽略自己已經承受的負面影響，持續委曲自己來扮演著別人所期待的角色，卻把真正的自己給藏起來、遺忘了，這樣是否真的值得？

這讓我想起一位臉書友的發文：「別以貌取人，遲早會吃虧的」。

我本身曾旅居北美多年，也到過紐澳及許多歐洲國家旅行，當然在國外留學和旅遊期間也遇到許多來自亞洲的同學。根據我的觀察，亞洲人普遍比較內斂與合群，極為注重人際場合的氣氛和諧，這可能和我們的民族性、從小被教養的方式及環境因素有關；歐美紐澳人士就比較個人主義（尤其是美國），像我的那些美、加同學就很勇於表達自己的想法意見，多半都很有自信有話直說，並不會為了維持表面的和諧而壓抑隱忍，這當然也和他們的民族性、教育方式及社會風氣有關。

有話可以好好說。在此並非鼓吹必須為了表達自己而引發衝突，而是**當別人的言行或要求已經侵擾到我們自己的身心、情緒和權益時，如果我們依然放任對方這麼對待自己、一股腦兒地為了達到他人的標準及獲得肯定而付出，卻忽略了自身因此而受到的影響，反而會造成更深的「內傷」，自尊心也會跟著持續滑落。**

我有個學生，從前經常因為職場際遇和家人的期待而感到困擾，但是為了維持「乖乖牌」的形象，就一直忍著、忍著。有一天，這位學生終於再也忍不住了，於是毅然辭掉讓自己精疲力竭的工作，離開苛刻的職場環境，並且經過好幾次的溝通，終於説服家人用自己工作存下來的錢買好機票和安排備用金，拎起背包就出國打工度假，因為他一直很想看看這個世界。

一年之後他回國了，人變黑變壯，英語説得更流利，臉上也多了從前少見的笑容與自信。過了幾個月，他找到了理想的工作，這和他出國之前做的根本就是天差地遠，但他卻一派輕鬆地説：「這才是我真正想做的！」

身心舒活帖

• 動態自畫像

許多朋友在成長過程中可能都畫過自畫像，最普遍的就是畫出自己的一張臉。在此想邀請各位讀者嘗試另一種動態的自畫像。也許此刻您正在納悶：用動的怎麼畫自畫像？動態自畫像和做自己又有什麼關聯呢？

現在，請回想一個自己依照別人的期待而做出的行為，無論是過去式或現在進行式皆可，例如，小時候長輩可能會要求我們像淑女紳士般「坐有坐相、站有站相」，身體姿態及動作幅度因而受限；我們因應不同環境、場合而表現出某種特定的態度，以及在此狀態之下的身體姿勢、動作或行為舉止……等等。做個四五次之後，再做出相反的身體姿態或動作，比方說，如果原本是安靜地端坐著、面帶微笑聽著和贊同別人的發言，現在就站起來動一動、跑跑跳跳，或許加上發出聲音、說出自己想說的話，也可以播放自己喜歡的音樂，跟隨著節奏動動身體。同樣也是做個四五次。

等到用身體動作、聲音和話語抒發完畢之後，就可以開始在這兩種姿態或動作之間來回做個幾次，並觀照自己在過程中的感受，接著嘗試看看，在這兩者之間會不會發展出第三種姿態／動作／口語表達？維持在這個新的狀態，你對它的感覺如何？然後試著在你先前所選擇的場景中模擬這嶄新的身體行動，看看會有什麼新的發現。

※貼心提醒：在進行這項探索時，若無身心專業工作者在場，請避免選擇會讓自己情緒明顯起伏的人事時地物。

Unit 2 有時候，逆向操作才是王道

從多年前展開舞蹈治療的學習與實踐，至今已邁入第十五個年頭。在這持續不斷的過程中，非常感謝許多同學和朋友的幫忙，時而轉貼我的網路發文及課程訊息、介紹家人朋友甚至親自來上課，也因為他們和一些學生的推薦，我就有幸在各機關、團體及學校帶領身心工作坊和紓壓、創意、溝通、團隊建立等相關主題的企業課程，也有機會透過媒體讓更多閱聽大眾了解身心舞動的美好。

由上班族轉換跑道，成為自由接案的行動工作者，在初期其實是很辛苦的。我曾旅居國外多年，一開始並非助人相關領域出身，在人脈和相關工作經驗上缺乏本土的脈絡，加上這和我以前在國內所學截然不同，有些專科時代的舊識到現在還搞不太懂我到底在做什麼，但仍有同學朋友熱心鼓勵及協助我在這條路上走得更順暢。

多年前，有位老同學在她唸碩班的母校擔任助教，於是把我推薦給系主任，也就是她

之前的指導教授、當時的主管，我於是就以外聘講師的身分獲邀去帶一場肢體開發體驗課程，系主任看大家反應不錯，就邀我到系上開課。

在接下課程的兩年（除了寒暑假之外），起初我每週都會在課程前一天搭車到宜蘭，再搭學校的公務車抵達校內的招待所住宿，隔天早上再上課。因為校區在山上，雖然氣溫較低風很大但白天視野良好，早上起床之後如果天氣晴朗，還可以看到遠處的龜山島。後來因為課程時段調整，讓我可以更方便省時地當天來回，無須再住校。如今雖早已不在該校任教，但每當我想起那段在山上欣賞日出的短暫歲月，心中依然是滿滿的感激。

在當時任教期間，我的其中一門課是排在第一、二節，早上八點半就開始上課。有趣的是，即便學校要求所有學生住校，宿舍和教室就在同個校區相距並不遠，但同學們仍不免有遲到、缺課的狀況出現，尤其是在冬天，畢竟枕頭和棉被的吸引力非常強大。有幾次上課時間快到了，還是只有小貓兩三隻來教室，我通常會等個三五分鐘再開始上課，邊等就邊和在場的同學們聊聊，閒聊中就知道了他們原本住哪、參加的社團，甚至家中養的同伴動物。

我還記得有位同學是住宜蘭市區，因為學校規定住校，每週日都得搭火車轉校車回宿舍。我本身也曾因為學校規定而住校，但我們是僅限外縣市新生，殊不知許久之後的去年，我在東海大學帶領「舞蹈治療在生涯探索的運用」工作坊，我的一位實習學生告訴我，她的大學母校規定所有新生無論家在哪裡都必須住校，然後有位同學的家剛好就在校門口對面，但也得住校，結果這位同學都是回家吃完晚餐、梳洗完畢之後再回宿舍寢室睡覺，她在寢室裡的桌椅都是空的，她的櫃子就充當公用置物櫃，放滿了其他室友的物品。

我在一次的閒聊中提到自己原本是上班族，後來在國內外再進修，進入了助人領域，相較於一開始就唸心理相關科系的「直線路徑」，我反而是繞了一大圈，走上蜿蜒的道路。一位同學聽了之後說：「但也就因為這樣看到了不同的風景啊！」是的，人煙罕至的路或許不那麼好走，但必定會有另一種看見和發現，也處處充滿著驚喜。

不要總是自以為地胡亂猜想

你或許有過這樣的經驗：和自己的好友或男女朋友原本關係很熱絡，有天對方不知怎地不聯絡也不出現，打電話或傳訊息也連絡不到，不是不接電話、手機關機就是已讀不回或根本沒看訊息，一整個人間蒸發；想想自己並沒做啥對不起他們的事兒，彼此也沒吵架，那麼幹嘛不理我呢？

有一回和每次都會提早或準時到教室的那幾位同學聊著他們的報告主題，不知怎麼地，說著說著話題就轉到這裡來了。即便學校沒開這門課，戀愛學分依然是許多大學生的必修。和同學們越來越熟之後，他們很常就自動聊到這個話題。

「我男朋友有一次就這樣，」一位活潑的女同學說著。「那時候放寒假，我們每個禮拜都會見面，一起吃飯逛街看電影什麼的，哪裡知道開學以後他就變得怪怪的，對我越來越冷淡。」

這位同學的男友就讀附近的學校，但各自的家不在同個縣市，寒暑假時就彼此約好時間地點週週見面。

「打他的手機都轉語音或根本沒開機，我留言也不回 call，也都不上線。」

當時只有 2G 手機和 MSN Messenger 這類電腦即時通軟體。

「那妳怎麼辦？」另一位同學問道。

「我很著急啊！就一直打電話給他，還找別人幫忙打電話，但是沒用啊！他還是不回，連跟他吵架的機會都沒有。」

後來呢？

「後來我們社團要辦一個大活動，下課之後常常要討論，有時候週末還要約出去排練，我都得和打工那邊的同事調班，回到家根本就累癱了，哪有力氣再管他！」

讓自己有個目標忙碌，而非沒事找事做地瞎忙，真能轉移注意力。

「那時候真的很忙，我就想等活動辦完再去找他算帳。」

結果呢？

「有一天他自己突然打電話給我，」這位同學接著說。「我當然大罵他一頓。但他也沒說什麼，然後我們就又出去見面了。」

原來她男友當時正為了畢業後是先當兵然後就業，還是趕在畢業前考上研究所煩惱著，加上課業繁重也同時在打工，身體腦力都累、心也煩，卻不知該如何表達，就這麼把女友給冷落了。

「心煩講一下會怎樣？還以為他是不是劈腿了……。」

哦哦，沒事就好。人們很常是被自以為的瞎猜、胡思亂想給搞瘋的！

男人心也是海底針

男女真的大不同，生理方面如此，心理方面亦然。相信大家都已經在報章雜誌、電視和網路上看過許多相關的報導與討論，從各方面剖析兩性在身心、思考和情緒處理方面的相異之處，在此就不贅述。

以我本身的經驗來看，身心相關的課程或療癒團體，如果沒有限定參與者的性別或因指派而來上課，參加成員幾乎都是女多於男，而且通常女性比較容易敞開身心，男性則是要經過更多的醞釀。當然也有例外：我曾經遇過在第一堂課就深度分享，以及利用公餘時間跳舞、進而學習舞蹈治療的男性學員，不過比例上男性真的是不太容易表達情感。

無巧不巧，前陣子我在臉書看到有人轉貼一篇網路文章，標題是〈男友才短短三天就從熱絡到提分手，女網友懊悔分享男人的「洞穴期」……注意事項被大推！〉。作者在文中提到自己在感情上踢到的鐵板：她的男友前三天才說很愛很愛她，接下來幾天卻開始越來越冷漠。她當時正在準備考試，狀況原本就不太好，男友又突然態度冷淡，第一次遇到這種狀況的她因而感到非常不安，於是就吵啊鬧的還找人打了一百通電話給他，自己也持續奪命連環 call 和傳訊息轟炸。

在又氣又急聯絡男友的過程中，這位女網友透過言語表達出諸如憤怒、委曲、懊惱、道歉和反省等情緒。後來她男友終於回覆，把話說清楚之後，她可就開心了，於是恢復以往傳了各種趣味影片和他分享，也再度聊著日常瑣事，衷心以為一切都已恢復正常，殊不知自己沒有注意到對方也有情緒，也沒那個義務去處理非他本身的情緒，忙碌工作之餘還得聽女友嘮叨抱怨。這位男生可能因為再也受不了，後來就向她提出分手。

後悔不已的女網友事後反思，覺得自己不該在男友開始冷淡時就一直吵鬧，並指出如果對方有表明需要一些空間、想一個人靜一靜時，就更不宜如此，因為男生這時候想要獨處、需要自己的時間空間，他很可能也不知道自己怎麼了，就算問他怎麼了恐怕也說不清楚，只想先暫時疏遠。當然，她也強調這是在對方「沒有新歡」的前提之下所發生的。若符合上述所有條件，那麼將近九成的男性只是已經打包好行李準備到「洞穴」避一避、已經在前往洞穴的路上，或者裝潢好洞穴打算住下來了。

那麼，「洞穴期」是什麼？

洞穴期並非男性的專利，有些女性也可能會有。一般而言，男性的親密週期是「親密—疏遠—親密」，當一段親密關係維持若干時日之後，男性會想要疏遠，等到疏遠期過後就會渴望重新回到親密期。另外，無論性別為何，每個人在人生各階段或狀況中都需要或大或小的私密空間，只是有時男性對個人空間的需求或許更強烈，因為他們偶爾需要以獨處來面對各種壓力或問題。

有句老話「女人心，海底針」，男人的心又何嘗不是呢？

兩性的思考模式和表達方式原本就大不相同，我們經常想破頭也想不通異性為何會如此，例如，很多女性朋友就想不透自己的男友或丈夫為什麼打死都不肯問路（但有些男性很願意問路，例如曾經合錄電視節目的潘懷宗教授），如同許多男性朋友不明白自己的女友或太太為何那麼愛逛街購物（當然也有些女生不愛逛街、對名牌衣飾幾乎完全無感）一般。

女網友後來在文中寫道「男人就像橡皮筋一樣」，意思是如果女生對彼此的關係抓得很緊，相反地男生就會鬆掉；若女生鬆開了，男生反而就緊了。不要理他，他就會越快地彈回來，這就是所謂的「欲擒故縱」。其實重點在於先別理會對方的冷漠，而是「要努力關注自己」，去做自己喜歡做的事情、吃自己愛吃的東西、到想去的地方走一走。對我而言，這就代表**女性要先「獨立」，把關心和照顧自己當成第一要務，這樣無論對方是經歷洞穴期甚或根本變心了，我們或許會感到不解、失望、生氣和難過，但絕對不會失去自己。**

身心舒活帖

• 反過來，真實表達自己

多年前的一次因緣際會，引領我前往福州大學進行表達藝術治療專題講座，來聽講的學生們主要來自心理系及音樂系。我當時除了說明本身的舞蹈治療專業，也簡短介紹其他諸如藝術治療、音樂治療和戲劇治療等方式。

當我講完音樂治療的起源之後，就靈機一動想結合舞蹈治療與音樂治療的元素進行示範，於是先在心中預擬情境，接著由系主任協助邀請兩位志願的同學上台演練。

我請他們分別站在講桌的兩側，按照我所設定的情境扮演一對溝通不良的夫妻。雙方必須以雙手拍打桌面、模擬打鼓的方式取代口語，在引導之下現場進行非口語溝通：

這對夫妻由於丈夫工作忙碌及晚歸，加上壓力大，因此很少與妻子溝通，兩人之間就算有對話，也往往因丈夫的不耐煩而中斷，嚴重影響夫妻關係。

首先，忙碌了一整天的丈夫拖著一身疲憊下班回家，妻子見狀便輕拍桌面，以非語言的方式對他說：「你回來啦！」這位丈夫卻只是敷衍地用手掃了掃桌面，看樣子他並不打算交談。接著，妻子不斷輕柔地拍著桌面，嘗試引起丈夫的注意並延續對話，然而丈夫依然不領情。後來他實在被惹毛了，於是用力拍打桌面，以巨大聲響表態：「不要煩我！」渴望溝通的妻子這下也火大了，便加重了拍打桌面的力道與速度，明確表達自己的立場。

在一番短暫卻激烈的「桌面對談」之後，丈夫逐漸理解妻子的心情，只見他減緩拍打桌面的力道與速度，拍打的時間亦隨之延長，顯示他願意嘗試溝通，而妻子也慢慢恢復到先前拍打桌面的方式，彼此回應的時距也跟著縮短了。（註）

舉這個例子，**當然不是鼓勵大家沒事就吵架，畢竟這很耗損身心，而是在必要時的確需要「反過來」清楚明確表達自己的立場。**上述情境中，如果妻子依然細碎地追問丈夫今天過得如何，丈夫會覺得越來越煩，接著很可能就乾脆閃人回房關門圖個清靜。當妻子將自己的態度轉變為清晰與堅定，反而開啟了雙方對談與互相了解的契機，因為丈夫無法再以慣性的互動模式做出回應，妻子的改變反過來讓他開始去傾聽、理解及調整自己的溝通。因此，「反其道而行」有時真的不失為一項有效策略。

註：摘自《心在跳舞：遇見舞蹈治療》，姜愛玲／著，億派國際，2012。

Unit 3 如果他的眼中只有自己，那你還等什麼？

多年前當我還是個上班族，曾經在位於臺北市東區的一家出版社工作，纖細、流線型的一整棟四層樓都是公司的辦公空間，各部門就分別位於各樓層。記得當時公司在每層樓空間不大的樓梯間都擺設了桌椅，我和同部門的編輯同事就經常利用這個小天地討論事情。在冬日的午後時分，當溫暖的陽光由窗戶透進來，我和同事人手一杯咖啡、一起坐在那兒討論出版品內容和相關編務，倒也十分舒適愜意。

當時我才回國兩年。我在國外的那段期間，還是個沒有智慧型手機和即時通軟體的年代，都還是得透過電話、信件和後來才逐漸普及的電子郵件保持聯絡。旅居國外時和老同學、老朋友相隔遙遠，長期下來如果其中一方的電話號碼或地址變更，若再加上沒有和彼此共同的朋友保持聯繫，很容易從此就斷了音訊，不知上哪去找人了。

好在我都還有和幾位老同學、老朋友保持聯絡，到現在也還保留著一些往來信件。這些人當中有的很熱心，畢業之後持續定期或不定期舉辦同學會，因此等我回國也有機會參加聚會之後，就和越來越多的同學陸續搭上線。其中一位同學任職於公家機關，辦公地點原本在另一區，因為職務輪調的關係而來到東區上班，剛好就在我公司附近，也真是太巧了。

志願奶爸好快活

我的這位同學很會唸書，畢業之後考上插大，大學畢業之後又考上研究所，唸完才去當兵，退伍之後又考上公務員，一切都按部就班順利地進行。他當時已經結婚兩三年了，工作和家庭兩得意。

在大伙兒邊吃邊聊之際，他透露自己快要當爸爸了，同學們接著就是一陣恭喜。

「你一定很開心吧！」

「是啊！很期待但也有點緊張。」同學說道。

這位新手爸爸早已在家中備好育嬰空間及用品，還找了許多相關的書籍，也請好了陪產假，依然像學生時代那樣按部就班有條理。

在大多數的家庭中，當嬰兒出生之後，可能都是由休完產假的媽媽再休育嬰假、留職停薪在家中照顧新生兒；我有些已婚的女性朋友甚至在寶寶出生之後就辭職在家照顧孩子，過了幾年等孩子上了國小之後才又重回職場，但是我這位同學的情況剛好相反。

他說，他和老婆的計畫是，孩子出生之後，太太一休完產假就立刻回到工作崗位，他自願要請育嬰假在家照顧孩子……聽到這裡，同學們紛紛發出讚嘆，這位同學堪稱愛家愛妻又愛小孩的模範爸爸呀！

然而，每對新手夫妻都能這麼順利地無縫接軌嗎？

經常缺席的父親

我的另一位同學就沒這麼幸運了。

這位早婚的同學原本在台北工作，婚後因為要幫忙家人經營事業，於是就和另一半商量搬回南部，後來她的先生向公司請調成功，夫妻倆就回南部租屋而居了。

搬回去之後的幾年，夫妻倆的孩子們陸續出世，我的同學因為算是幫家人，可以彈性調配工作時間，所以對她來說一邊工作一邊照顧孩子，相對而言就少了些阻力。不過呢，她老公卻不知怎地，等到他們最小的孩子上了幼兒園，他下班之後就開始經常不見人影，有時候是公司應酬，但時常並不是。那時候還沒有手機，聯絡別人不像現在這麼方便容易，如果打市話和 BB Call 都找不到人，那幾乎就只能等對方自己出現。可想而知，我同學和她老公之間的關係就開始緊張了起來。

同學的老公起初是經常晚歸，後來竟然辭職不幹了，工作和收入都開始不穩定，漸漸地就好幾天不見人影、不拿錢回家，對孩子們也不聞不問，怎麼勸也勸不聽，到最後竟開始向家裡拿錢，夫妻之間也因此經常爭吵。

同學雖然有家人的支持和理解，但畢竟孩子是夫妻倆的，獨自承擔養育責任真的很吃力。等到家人的事業逐漸步上軌道，漸漸不用同學長時間坐鎮幫忙，她就找了一份業務性質的工作來增加收入，也帶著孩子搬回娘家住。

「這樣不是很累嗎？」我們在一次幾個同學的聚會中聊到這件陳年往事，我便問起同學：「妳除了當時的業務工作之外，還要抽空幫家人打理公務，即便經濟狀況逐漸改善，但一個人要做那麼多事還要照顧孩子，是怎麼熬過來的？」

「沒辦法啊！孩子生了就是要養。」同學淡淡地回憶過往。

「妳那時候一邊工作一邊帶孩子，不會覺得很麻煩嗎？他們難道不會吵嗎？」另一位同學問道。

「不會啊！我都很習慣孩子們在身邊，也從來不覺得照顧他們是負擔。」

同學倒是很豁達，而且她也確實很愛孩子，原本還抱著一絲期望，盼著老公會不會哪天就想通了回心轉意，也不希望孩子們沒有爸爸，因此即使另一半只顧他自己，她仍然維持著這段婚姻，並且不再過問老公的行蹤，但是彼此仍免不了有爭執和衝突。後來，她身心俱疲，還好搬回老家之後，她的父母可在白天幫忙照顧孩子，於是她更加努力工作贏得好業績，但無論多忙都沒有疏忽孩子的教養。

「我後來想想，他人都已經鬧失蹤、心也早就飛走了，完全不想負責任，那麼還留著那張紙做什麼呢？」同學指的是結婚證書。

經過幾番深思熟慮，她終於向老公發出最後通牒：如果繼續這樣想回來才回來，那乾脆都別再回來，限期給我搬出去！你的東西若沒帶走我就全部丟掉，你這老公我也不要了！

由於她先生是理虧的一方，所以他們從分居到離異的過程也還算順利，沒有上演社會新聞的情節，這段婚姻關係總算平和地告終。

經過了這麼多年，同學的孩子們都長大了。他們唸大學時都是半工半讀，儘量減少家中的經濟負擔，畢業之後就自食其力，很懂事、很潔身自愛，不讓媽媽和外婆外公操心。

我打心底佩服這位同學，能夠這樣把孩子們拉拔長大，真是不容易！

要建立一個家庭，必須雙方都有意願相互協調、配合與付出，無論是家庭財務管理、家事分擔和孩子的教養事宜，都需要經過持續溝通達成共識，也不免需要適時調整做法。若有一方心理上還沒準備好當家長、無法扮演好自己的角色，的確會造成另一方的困擾與負擔，影響婚姻關係和家庭氣氛。以下是另一則實例：

一位朋友多年前和相戀許久的女友結婚，婚後一年多他的太太就懷孕了。孩子出生之後，他太太也是休完產假就回去上班，我的朋友因為本身開店是自雇者，加上很喜歡小孩，所以就由他一邊顧店一邊照顧孩子，家裡也都沒有請保母。朋友到哪兒都帶著孩子同行，他太太通常是下班之後和假日才有空陪孩子，就這麼過了幾年。

由於我的朋友是親力親為的照顧孩子，因此他和孩子的感情相當好，孩子還在唸幼兒園時當然是天天接送，若有必要也會和孩子的老師保持聯繫與溝通。傍晚回到家，幾乎也都是他負責張羅晚餐、幫孩子洗澡。

夫妻對於家事的分工原本就是雙方達成共識就好，誰做什麼事情並非絕對，但是若其中一方漸漸地幾乎什麼也不做，就難保不會出問題了。其實，包括我自己在內的許多人都喜歡滑手機、平板，他們夫妻倆也不例外。不同的是，我朋友手機滑歸滑，他還是會做好份內的事情，但是他太太就不盡然了；她很喜歡用即時通軟體群組聊天，手機和平板經常都是叮叮咚咚響個不停，而且時常用平板看網路新聞或其他文章，常常看著看著就忘了當天是輪到她幫孩子洗澡。我朋友起初還不以為意，反正他手腳俐落一下子就可以搞定，但當他發現一直只有他自己在做家事，老婆卻只是自顧著滑平板和手機，時間一久他也看不下去了。

「就只會坐在那裡滑手機、看平板，孩子又不只是我一個人的！要是她再不改，我就真要跟她攤開說清楚了。」朋友不滿地抱怨著。

於是他們冷靜地溝通，我朋友要她回到家就要盡量放下3C，認真地一起來分攤家務和照顧孩子。一開始他老婆真的有好好執行，但人真的是健忘的，過沒多久她又故態復萌，我朋友只好持續溝通、提醒，不過情況並沒有獲得改善。終於有一天晚上又輪到他太太幫孩子洗澡，但她卻依然安坐沙發滑平板，朋友見狀整個火氣都上來了，兩人於是大吵一架，過沒多久就協議離婚，孩子跟他。

有些人真的就不用等

養育孩子是一個非常重要、必須深思熟慮及取得共識的決定。兩人世界一旦多了個孩子，將會大幅影響和改變原有的生活型態，畢竟人口增加，在時間、資源及責任的分配上都需要重新規劃與調整。我有些已婚的朋友就和另一半講好不生孩子，正因為想要把時間留給自己，或覺得養毛小孩更來得輕鬆愉快。

我這兩位友人都是因為另一半未負起共同經營家庭、照顧孩子的責任，經過溝通卻無效之後，最終結束了原本的親密關係。我們時而不免假設別人在換了一個環境或身分之後「必定改變」，或認為自己的付出對方一定看得見並起而效尤，但這樣的期盼經常是徒勞無功的，我們會發現到頭來能夠改變的只有自己的心態。

在伴侶關係中，如果有一方只顧著自己的喜好和便利，而忽略了另一方的感受，或避開雙方都必須承擔的責任義務，好說歹說都不見改善，那麼此人的眼中就真的只有她／他自己，因為她／他並不願意傾聽、理解、溝通和做出調整，這樣的關係是不對等的。若另一方的苦主剛好就是您，請問您還願意繼續等下去嗎？

我曾經認識一位從事心理輔導的朋友，她服務的對象有很多是婚姻關係出狀況的夫妻。華人的傳統觀念普遍都是「勸合不勸離」，但這位朋友卻表示她很常「勸離」。她解釋，當然不是每對來諮商的伴侶或夫妻她都勸離，而是當遇到諸如上述有一方逃避責任甚或加害於另一方、卻依然故我不願修正自己的行為時，她就不會一味勸合……

「我都很想告訴受委曲的那一方，」這位從事心理輔導的朋友說，「如果對方的眼中只有自己，那你還等什麼呢？」

的確，**當百般嘗試皆無濟於事時，是否該為自己打算了？**

身心舒活帖

• 親子按摩樂陶陶

增進親子關係最直接的方式就是親自陪伴。在忙碌的現代社會，多數的小家庭可能都是夫妻雙薪，家長們未必能夠在一天當中長時間陪著孩子。即便如此，親子相處重質不重量，必須忙於工作的家長們，還是可以利用下班之後和周末假日陪伴孩子，促進親子互動。

皮膚與皮膚的接觸會刺激催產素，也就是愛與連結的荷爾蒙的釋放。坊間時而會有嬰幼兒及兒童按摩的書籍與課程，有些家長熱心參與這類課程、將所學運用在自己的孩子身上，但如果家長本身就已經非常忙碌疲累、想利用閒暇時刻多多休息，就未必有那個時間精力去上課。沒關係，**親子按摩其實很簡單，只要用點心思和創意，自己 DIY 也是可行的。**

親子按摩的手法可配合孩子的年齡和（或）他們在課堂上的學習內容來發想，比方說如果孩子年紀還很小、尚未進入幼兒園，就可以利用聲音搭配動作，或把日常生活的素材融入按摩當中，例如當說著「把拔」、「馬麻」的時候，就同時伸出一根手指頭在孩子的手心、額頭、臉頰或背部打一個勾勾（V）或簡單畫出某種線條，以動作來反映口語的聲調和韻律。

若孩子已經就學，就可依照他們的上課進度，將形狀、動物、食物、花草樹木或注音符號、英文字母或者單字融入親子按摩中，例如，用手寫出英文字母同時唸出來、一邊畫出某種形狀或水果一邊說出它們的名稱，或用手的移動來模擬動物的腳步，加上力道、幅度及速度上的變化來表現步伐的輕重、大小和快慢等等，都是可行的方式；更可以進一步發展成讓孩子以自己所感覺到的按摩手法來猜那是什麼？您出題讓孩子反過來當按摩師，在您的手上或背上做出切題的按摩手法，或由雙方輪流想主題按摩讓對方猜；當然也可以一邊說故事一邊輪流幫彼此按摩，若能加上彼此擁抱就更好。今天起用親子按摩和您的孩子親情加溫吧！

跟著老師一起來練習
DIY親子按摩吧！

Unit 4 什麼？連我家馬桶的顏色你都要管？！

早上起床，打開手機看 Line，有幾則「OOO 透過電話號碼將您設為好友」的顯示，按照慣例，如果對方是貸款或銷售商品的人，我會一律點選打開對話框直接封鎖；如果是不認識的名字通常就放著不管。不過，今早看到一個名字卻讓我覺得有些熟悉，但因為對方的大頭貼是風景圖，無法立即判斷身分，在腦袋裡搜尋了一下之後，才想起來這應該是一位好久不見的前公司舊同事，於是就點選打開對話框按「加入」。

不一會兒，對方發了訊息過來……

「嗨，我是小莉，妳還記得我嗎？」

「所以妳真的是小莉！」我手寫輸入之後按傳送鍵。

「好久不見啦！」那頭又傳來。「我這幾天整理抽屜，找到妳之前給我的名片，想說不知道妳的手機號碼有沒有變？」

是真的好幾年沒見。當初我們離開公司之後，曾經還保持聯絡了一陣子，後來彼此都忙就逐漸失聯，如果不是手機號碼都沒變，恐怕就真的再也聯繫不上了。想想我有些歷年來在國內外認識的朋友，正因為久未聯繫、各自搬遷而斷了音訊。

「妳什麼時候有空？要不要出來聊聊？」小莉問我。

「當然好啊！」我爽快答應。

記憶中的小莉個性比較內向，沒什麼自信，跟人也慢熟，但工作相當認真，當時還有個男朋友，常到公司樓下接她下班。不知在失去交集的這些年之後，她還是當年的那個小莉嗎？

見面那天，我依約來到一間巷弄餐廳。外面的天色已暗，室內的暖光、簡潔的佈置和濃濃的咖啡香，讓趕路而來的我放鬆地喘了口氣。環顧四周，眼角撇見一隻在空中揮啊揮的手，定睛一看，正是小莉。我笑了笑，向她揮揮手走過去。

眼前的小莉比印象中更圓潤了些，紅潤的臉色，感覺上比之前更陽光了，莫非是升官了？還是……今天她其實是來丟紅色炸彈的？我一邊在心裡揣測著，一邊和她打招呼，坐定之後點好菜，便開始敘舊和報告彼此近況了。

「我在書局看到妳寫的旅遊書耶！」小莉說道。「因為妳用的是本名，我當時候就想這會是我以前的同事 Irene 嗎？後來看到封面摺口上的作者照片，真的是妳，上面也有妳的 email 和臉書粉絲團網址，但我趕時間忘了記下來，還好有找到妳的名片。」

下一本書要用 QR code。還有，人真的不能做壞事，尤其當你剛好是作家時。

在等上菜和享用晚餐之際，我們時而敘舊，時而一點一滴地聊起這些年彼此的人生風景。雖然，我是個不怎麼八卦的人，但還是忍不住好奇她和當時男友的後續發展，畢竟我見過那個人。

「我把他Fire了。」小莉等服務生加完水離開之後回答。

這不太像印象中小莉的口氣，她的表情和語氣並未透露出一絲一毫的遺憾或難過，倒像是說著一件稀鬆平常的事。雖然我見過這位前男友，但畢竟只是在大樓門口的幾面之緣，並不了解他們之間的互動，於是準備洗耳恭聽到底是怎麼一回事。

「其實我和前男友是朋友介紹認識的，我覺得這個人看起來還不錯那就交往看看。妳也知道他那時候常常來接我下班，然後會帶我去吃晚餐。他有個習慣，不論到哪裡，都會去當地的同一家餐廳，我都吃膩了，所以後來我會去找些其他餐廳，當然，他也不會有意見。」

這不是很好嗎？

小莉繼續說：「他吃飯的時候習慣一邊看書或看報紙，有時看著看著就會把書裡面的

一些話拿來討論，除了發表評論之外，甚至還要『教』我應該怎樣又怎樣……不太跟我聊天也就算了，還總是想當我的人生老師，常常聽得我食不下嚥，好像對著書報比對著我還好！」

哇，原來小莉也挺有個性的。

「每次走路他總是走在前面，完全不管我在後面跟不跟得上，如果我不出聲要他等一下，他應該就會一直往前走，我走丟了都不會發現吧！更誇張的是，有一次我們看完電影去吃晚餐，快到餐廳時，我才想起來有和朋友約好要到捷運站拿東西，我就提議能不能去捷運站附近找吃的就好了，結果他竟然回我：『那妳自己搭計程車去捷運站拿了東西再回來餐廳就好了啊。』，說完就逕自地走進我們常去的那一家餐廳！」

「難道妳沒跟他反映嗎？」我好奇地問。

「講了啊！他就只是『嗯，嗯，』然後低頭繼續看他的報紙，繼續講他有興趣的國際情勢、金融現況、政黨內幕……」小莉不以為然地說道，拿起杯子喝了幾口水。

我相信並不是所有的人在約會時都喜歡談論這些話題，尤其在經歷用餐前的那段「小插曲」之後。

「我跟他說過好幾次，我是來吃飯不是來聽講的，但是沒有用啊！他還是那個樣子……」

真的不用奢望去改變別人。

「去年我家陽台整修，因為自從九二一地震之後，我家陽台牆壁那些被震脫落的磁磚，拖了好久都沒有處理。我在陽台擺了很多盆栽，每次澆花看到牆壁斑駁就覺得很礙眼，原本還在牆上的壁磚也隨時可能脫落。他以前來過我家，自從知道我要整修之後，就一直教我應該怎麼選磁磚，什麼材質、大小和顏色比較好，還建議我也順便換陽台天花板的燈……我從來沒有裝修過房子，因為當時他也才剛裝潢完新居，所以我還蠻慶幸有人提供意見。」小莉繼續敘述著往事。

不錯啊，這男人還是會主動關心女友。

「他又說我們家屋齡很久，那種早期的嵌入式的櫥櫃既占空間看起來又老氣，不如整個打掉去買組合式家具來擺，材質輕又可以移動位置，很方便。後來他愈講愈上癮，最後，連我家廚房他都有意見，建議我整個翻新。到下一次我們再見面的時候，他竟然真的就畫了張室內設計圖給我！然後說他自己就是因為在裝潢房子之前有看書做功課，找師傅又精挑細選、比價，施工的時候也盯得很緊，所以才有這麼滿意的成果。他很得意自己不是唸室內設計卻自學成功，我也承認他的圖畫得很厲害，但是一開始他就知道我的預算很有限，他有沒有想過若照他的設計圖來改，我要花多少錢啊？他是要幫我出嗎？」

我身邊倒是聽過這樣的例子，當彼此關係進入到一個穩定階段，男友會幫女友負擔不少的費用，像是旅遊費用，甚至部分生活費。不過啊，建議還是別欠這種愛情財寶債，萬一日後兩人的關係惡化，還可能會被索賠呢！在新聞裡也曾經看過。雖然這類訴訟在法律上未必站得住腳，但卻是精神上的折磨與耗損。

小莉接著說：「後來，我故意和他避而不談這個話題。但有一次，他提到他妹妹想要買房子，說著說著竟又聊到我家的陽台整修。他一邊問我進度，一邊又重覆之前的那些裝修建議，真是煩死了！我還沒來得及阻止他繼續講下去，就發現竟然連我家浴室都礙著他了。」

「浴室也有事？」我在心裡驚呼了起來。

「他說我家浴缸用太久了，看起來很舊，該換了。但明明只是有些小小的刮痕之外，整個看起來也都還好，他卻一直要我拆掉換成淋浴蓮蓬頭，說是既方便又好清洗。他明知道我有泡澡的習慣耶！還說那就去買個泡澡桶就好啊。接著又說牆壁和地磚材質也都很容易髒，地面會積水又容易滑，乾脆一起換掉，說什麼鋪類似石材的地磚才能防滑又好清理，說他自家浴室就是用這種地磚，聽他的準沒錯。」

我看過那種材質的磁磚，大多有凹凸的紋路，看起來很有質感、吸水力強，即使髒了也看不太出來，只是，價格不便宜啊！

「明明我都有定期地清洗浴室，應該還不至於到要換磁磚的地步吧？當然我知道他是一片好意，若是和他無關的人，我想他根本不會花時間去提議還畫圖，但是我家到底是誰在住啊？還說什麼裝潢可以階段性，不用一次到位，不必擔心預算……」

真的，這位先生，全家不是你家，小莉家更不是你家呀！

「他又說既然磁磚要敲掉重換，那乾脆連洗臉檯也一併換一換好了，而且要調整位置把空間拉大，更誇張的是，他說既然要調整衛浴設備了，那馬桶的方位也要跟著一起改，看起來才會協調，最好連顏色都要換，換成白色比較好，只要不挑太高級的馬桶應該就不會花很多錢了，不用擔心。妳看看，他連我家馬桶的方位和顏色都要管，他都沒有想過，一旦裝修，施工期間完全不能用浴室，我有多不方便！重點是，我的東西又沒壞。」

這位先生真得是管到不只太平洋了！

「後來想想，我們只是男女朋友就已經管成這樣了，若同住一個屋簷下那還得了？我又不是三歲小孩要他這麼管。」

火山終於爆發了。

「我本來已經很難忍他平時的一些行徑了，但這次連我家的馬桶他都要管，我再也受不了了，所以決定分手！本來還有點擔心跟他提分手他會有什麼反應，擔心他會用社會新聞裡看到的那些死纏爛打的手段來對付我，我還在家對著鏡子練習了好幾次呢。還好他是很愛面子的人，在我提出分手之後，只聯絡了我一兩次，我都委婉回絕，同時好言地祝福他找到更適合的女生，等到舊手機合約到期後，我就手機連號碼全都換了，還好他FB不加認識的人，不然，還真擔心剪不斷理還亂。以前我還會嚷嚷他怎麼都不加我FB，他說萬一個資被偷或被可疑的人盯上，他的臉友也會連帶遭殃……那時我還說他有『被害妄想症』，現在還真慶幸當時沒有加臉書好友呢。」

眼前的小莉，言談之間更顯開朗有自信。

越有自信，越不受控制

從小莉的描述中可以發現，她的前男友是個非常自我中心、掌控慾極強的人，非但不願意為了方便女友而換間餐廳吃飯，更是把小莉家當做是他家一般，把自家裝潢風格完全套在一個根本不是自己住的地方。見微知著，由小地方就可以觀察到一個人的本質。今天他干涉你家裝潢，難保他以後不會干涉你生活中其他、甚至所有的面向，到頭來都得按照他的意思去做。

提到室內裝潢，我倒有個可以呼應的親身經驗。曾有一兩位搞室內裝潢的朋友建議我把客廳的地磚換成仿木紋塑膠地板，如此一來就能和房間裡重新鋪上的白底灰紋塑膠地貼的材質一致，視覺上比較協調。當初把家中房間地面拉皮，是因為原本老舊的木頭地磚有損毀脫落的現象，有時掃地都會把磚給掃起來，走路不小心踩到還會彈起來，部分地面也因此凹凸不平，所以才翻新。至於客廳的地磚都還好好的，我從沒想過要換。

有趣的是，後來有更多來我家拜訪的朋友，對這片古早味地磚卻是讚不絕口！有位外國朋友說，這讓她想起兒時家中的廚房壁磚；有的朋友則表示，這種花紋的地磚現在已經很少見，非常有特色，酷極了！另一位朋友甚至發現地磚的色調和我後來領養的其中一隻貓的花色很搭呢！這顯然已經成為吾家特色。更重要的是，這些花紋地磚代表的是我和家人相處的點滴時光，是很重要的家庭記憶。我幹嘛換地磚？！更別說是因為別人的建議而換。

每個人的想法和價值觀都不同，沒有絕對的好與壞；每個人的條件、偏好和需求也各不相同，所做出的選擇當然不會一模一樣。**別人的建議可能值得參考，但畢竟自己才最清楚自己的狀況**。以房屋、事業及物品為例，若是兩人共同居住或擁有，當然一切都需要經過雙方的溝通協調；但若是各自獨立的空間、工作及物件，外人就不宜涉入過多，畢竟那是別人的。不論是小莉或是我，現階段都是基於「需要」，而非「想要」來進行必要的裝修，如果我們連這點兒自主權都掌握不好，非但不尊重自己真正的需求，還不斷提供別人跨越界線的機會，那還談什麼開創自己的人生呢？

身心舒活帖

• 由外而內建立自信

你聽過這一則笑話嗎？

有人問：「如何到（美國紐約）卡耐基音樂廳？」（How to go to Carnegie Hall?），答案是：「練習、練習、再練習」（Practice, practice, practice）。自信其實和許多技能一樣，是可以訓練和培養的，就像故事裡的小莉一樣，原本沒什麼把握主動提分手，但她願意接納自己真實的感受和需求，經過數次的鏡前演練，終於鼓起勇氣結束一段不對等的關係，讓自己的身心重獲自由。

請你跟我樣做：

在日常生活中，我們也可以用很簡單的方式微調自己的體態，並從中養成自信的姿態。

當站立或行走時，可以想像有一條隱形的線連接頭頂向上緩緩延伸，輕輕地把我們的頭部提起、脊椎拉長，就能夠輕鬆地抬頭挺胸，呼吸會更順暢，視野也將更開闊。

有句耳熟能詳的形容詞：「垂頭喪氣」，快樂自信的人是不會垂頭喪氣的。

所以，當你感覺心情煩悶或受到委曲時，不妨試試上述的方法把上半身稍微挺直，接著將呼吸放慢、變深，在一吸一吐之間穩定和舒緩自己的身體肌肉、情緒與思緒，並將視線放遠，可以想想讓自己開心的人事物，或自己喜歡做而且拿手的事情，鼓勵及稱讚自己，就能懷抱更多的正能量面對生活中的喜樂與苦惱。

抬頭挺胸建立自信，
請你跟著老師一起練習。

chapter 3

家庭篇

Unit 1 孝順，不是百分之百無條件服從

我有個朋友，去年五月間曾為了一件事和她的手足們有些意見不合，因此感到有些困擾。

「是什麼事情啊？」我當時問她。

「還不是我們的寶貝老媽，」朋友回答。「她一直有去一間廟拜拜，前一陣子她開始偶爾會去住個一兩晚，還會順便捐點香油錢。」

這很平常呀。

「本來我們也不以為意，但是後來她開始說我們給她的錢不夠用，」朋友表示。「我們這麼多年每個月都有拿錢回家，過年的時候也會包紅包給她。媽媽生性節儉，除了買菜、日用品和有時候去旅行，很少看到她買別的東西。」

「可能因為每年幾乎都有通貨膨脹，所以漸漸覺得不夠用？」我猜測。

「我們都有適時調整金額，」朋友接著說，『如果只是缺個幾千元那倒沒什麼，但是她要的是幾萬啊！』

這就不太尋常了。

「她有說這些錢要做什麼用呢？」我問。

「本來老媽還不願意說，我妹就私下問她，她才說要捐給廟，我妹就把錢給她了。」

朋友接著說，原本以為事情就此告一段落，反正廟宇有時就是需要整修，或許正因如此老媽才想捐錢吧？怎知到了下個月，老媽又來要錢了。

「我哥就說，本來是五萬，過了一個月就漲成十萬，這樣下去是每次增加五萬還是直接倍數成長？」朋友邊說邊搖頭。「要買什麼東西、想去哪玩儘管開口，但一直捐錢給廟？那她知道廟方到底要拿那些錢來幹嘛嗎？」

當時又是朋友的妹妹出來打圓場，把哥哥拉到一旁勸說。沒錯，這十萬元又是妹妹給

的，後來朋友的媽媽就直接找妹妹要錢了。

「我妹也是一般上班族，又不是年薪百萬，每次五萬十萬的給，她還在扛房貸呢！」朋友繼續說著。「我老哥就叫她別再多給錢了，然後逮到機會就去勸老媽，但我妹卻說媽媽以前照顧我們很辛苦，她要什麼就給她，不用問那麼多。」

朋友自己則是一邊幫哥哥勸媽媽，一邊私下塞錢給妹妹，因為她不忍心看到妹妹背負多餘的財務負擔。

「然後妳知道嗎？有天我妹載我媽去那間廟，媽媽因為口渴就先下車到附近便利商店買飲料，我妹停好車之後正準備開車門，結果看到寺廟住持和兩位隨行法師坐進廟前停車場的一輛賓士車裡，由其中一位法師開車。」

這讓我想起曾在網路上看到中國網友爆料，表示當地許多村、區的寺廟住持也都開進口車，並表示深感他們雖然身在佛門，但心卻是在紅塵。

「我妹當時一愣，真不知這車是院方買的還是信眾供養的？」朋友又繼續說。「反正不管怎樣，後來更扯。我媽有天接到一通電話，對方說自己也常去那間廟，按輩份算是我媽的師弟，說什麼寺廟要擴建，因為廟裡人手不足所以找他幫忙募款，一開口就是五十萬元！」朋友搖搖頭。「剛好那陣子有個新聞是一位六十多歲的婦女，因為接到一通自稱是某寺廟信徒的女子來電，表示神明指示要興建廟宇，又說出那位婦人的個資獲取信任，就這樣騙走了一百二十六萬，還好後來警方和銀行幫她追回七十八萬元。」

「這回妳妹妹可沒再給錢吧？」我忍不住問。

「對呀！我妹也感覺不對勁，所以就沒再給老媽錢。後來我們把這件事告訴老哥，他這下子可得意了，一直說：『看吧！我就知道遲早會出問題！』。」

誠然，孝順並非完全盲目遵從長輩所言、無論好壞對錯一律百分百照做，而是為他們提供正確、客觀的評估，以避免做出錯誤的判斷和決定。

接下來，兄妹三人費盡唇舌才打消老媽匯款的念頭。後來那個人又打電話來，朋友的媽媽就不接，幾次之後也沒再打來了。雖然來電者未必和寺廟有關，但朋友的媽媽仍因此而不再去那間廟。那麼，兄妹之間應該不會再意見不合了吧？

「哪是啊！後來老媽說過年期間想大家一起出去玩個幾天，到哪她沒意見，結果我妹想去澳洲，我想到日本，我老哥想去歐洲……」看來三兄妹各有想法。

最後，由於他們三兄妹對於要去哪裡玩仍未達成共識，因此今年過年就只有帶媽媽到附近看花展，其他日子就各自在家爬枕頭山或追劇。

真是家家有本難唸的經。

臨老破財情何以堪

銀髮族真的是詐騙集團的最愛嗎？朋友說，有位與她相熟的長輩也上過當。

這位長輩有天收到手機簡訊，告知有宅急便包裹貨到付款一千五百元，長輩心中雖然感到狐疑，卻仍付了一千五百元取回包裹，打開一看是個Hello Kitty背包，問了家人才知根本沒人買這東西，隔天就打電話請宅急便退款，對方卻說太晚來不及了，請他們直接撥打單據上的電話，還說：「你給我帳號我來查退費。」

「騙誰啊？！」朋友說道。「要帳號就是想騙更多錢，當然是不要給！他們也只好摸摸鼻子，就當是花一千五百塊錢買經驗。」

自由時報網站2016年10月20日刊登了一則標題為〈專騙老人！警破獲詐騙集團保住4000多萬棺材本〉的社會新聞。有鑑於詐騙集團入侵純樸鄉間行騙，南投縣警局魏慶賢局長要求刑警大隊組成專案小組，搜出詐騙案的幕後主使及其他共犯。經過深入調查，警方發現犯下多起案件的該集團，是以呂姓嫌犯為首的車手頭，旗下眾多小弟則充當小車手頭，而遭逮捕的十五名成員中就有七人尚未成年。

這個集團以免經驗、高報酬為號召，利誘流連於網咖且缺錢的無知青少年入夥，並要求他們按照境外話務機房的指令前往約定地點，監控被害人領款過程與收受贓款，甚至因恐曝露行蹤而利用火車、計程車等交通工具轉乘及步行故佈偵查斷點，卻依然讓專案小組成功阻擋十五起被害案件，總金額為四千多萬元，這等同於保住了被害長者歷年來省吃儉用所存下來的棺材本。

在將近五個月的偵辦期間，專案小組破獲數起詐騙案件，其中一件發生在臺灣中部：該年五月間，南投縣信義鄉一位七十多歲的全姓獨居婦人，遭此詐騙集團假冒官署監管財產之名義，向她行騙十萬元得逞之後，嫌犯又於同月三十一日要求她再度前往農會提領一百萬元交付，還好當時一位機警的行員察覺情況異常，立即報警處理，於是眾人將計就計設下圈套，成功誘捕欲前往農會取款的胡姓未成年車手。

警方表示，專案小組發現此犯罪集團以銀髮及獨居老人為主要的行騙對象。稍早在苗栗縣就曾有一位獨立撫養三名子女的陳姓單親媽媽，在遭該集團騙去畢生積蓄一百一十七萬元之後，竟然又被要求將僅存的住家也拿去抵押借錢，好在專案小組及時阻止，否則後果不堪設想。陳姓婦人當場痛哭表示，自己靠著擔任廚工的微薄薪資撫養三個小孩長大，好不容易存了些積蓄竟遭集團詐取，讓她感到痛不欲生，也令人唏噓不已。

預防詐騙保平安

銀髮族真的要特別小心！

一則YAHOO奇摩網站2016年1月28日一則名為〈《社會》當心！去年老年人受騙比率大增近3成〉的股市新聞裡提及，根據警政署統計通報顯示，2015年前三季全臺發生超過兩萬起詐欺案件，為同期「犯罪指標」案類亞軍。

值得關注的是，雖然各年齡層詐騙受害人數相較於去年同期大多呈現下降趨勢，但年逾五十的長者卻呈現逆成長的現象，其中六十歲以上的受害者人數更大幅上升將近三成，這對於退休之後無固定收入的長者而言不但造成個人財產損失，更成為銀髮樂活的一大隱憂。

國立政治大學統計學系暨資料採礦研究中心鄭宇庭教授，為深入研究銀髮族如何受騙與財產受損的程度，於是針對此族群遭受詐騙之現況進行調查，結果他發現，有七成以上的長者曾經接獲詐騙電話，遭詐騙損失金額以一萬元以下的比例最高，約占六成五；而受騙金額十萬元以上者，則大多是遭到熟識的鄰居朋友詐騙，占將近二成一的比例，顯示銀髮族因被越親近的人詐騙而造成財產損失的金額越高。

而在自由時報網站2016年1月27日的〈全臺受騙老人逆成長！調查：逾兩成財損十萬元以上〉財經新聞中，鄭教授進一步說明這項調查：他發現長者在這類詐騙案中即便未遭受財產損失，卻仍有兩成的人會把個資提供給對方，顯示個資外洩恐怕將成為詐騙集團日後善加利用的手法，例如，嫌犯會假扮受害者的親友或鄰居，利用他人個資以「猜猜我是誰」的詐騙手法誘使長者上當，這在銀髮族受騙原因中名列第二，占將近五成比例；最容易受騙的方式則為利用他們缺乏相關知識而成功犯案的「假冒公務機構詐財案」為大宗，占將近七成八的比例。

有人或許認為，如果是高資歷、見多識廣的長者，應該就比較不容易被這些老梗所騙吧？事實上，如同宗教或靈性方面的社會案件般，受害與否和當事人的學經歷往往並無正相關。

去年4月27日的公視中書新聞報導就指出，根據警方統計，銀髮族遭詐騙的受害人中以退休軍公教人員居多，就連一般人印象中學識豐富的退休教師，竟然也占了詐騙受害長者的多數，由此可見詐騙真的是無孔不入。

在「愛・長照」2016年9月10日「朱國鳳專欄」的〈誰會騙走我的錢？八種方法，遠離詐騙集團、婚姻騙子、金融圈套〉一文中，前資深媒體人朱國鳳就指出，千萬別以為高級知識分子就不會相信諸如「你的小孩欠我們錢」或「你的小孩被我們綁架」這類詐騙話術。俗話說「事不關己，關心則亂」，就有某位前經濟部長在退休之後被這種話術騙走上百萬元，更有退休的中研院副院長接到假冒檢察官的騙徒來電，指控他涉嫌侵占公款，檢方依法將監管其帳戶，因而受騙損失高達近兩千萬元，一個閃失就付出了昂貴的代價。

針對常見的銀髮族詐騙手法，內政部警政署刑事警察局網站「犯罪預防寶典」第一篇〈常見詐騙手法話術解析與因應之道〉提供了反制之道：

一、手法及話術解析

歹徒假借遠房或久未聯絡之親友來電，誆稱急用需借款應急，被害人誤信其言匯款。

二、預防策略

（一）接到以親友名義來電借錢，務必以電話向當事人親自確認，切勿貿然前往銀行匯款，以免遭詐騙。

（二）民眾應自行以該親友舊有電話回撥查證或是以現金方式交付借款親友，確保安全。

【第五章　假冒機構（公務員）詐財】

一、手法及話術解析

（一）假冒健保局、醫院及中華電信，謊稱證件遭冒用，疑似被作為詐騙人頭帳戶。

（二）假冒警察人員謊稱將協助於電話中製作筆錄，再告知涉嫌刑案，須配合偵辦並遵守偵查不公開原則，要求將金錢交由法院監管，否則帳戶將被冒領或凍結。

（三）要求民眾至超商收取法院傳真，請民眾提領存款交給假書記官或匯款至監管帳戶。

二、預防策略

（一）接獲陌生來電告知涉入刑案或收到疑為政府機關公文書，應小心求證，先詢問對方單位、職稱、姓名等，掛斷電話後再向該單位求證。

（二）檢警調等單位處理司法案件，如有必要將以通知書通知涉案人到案說明或至指定機關繳交款項。民眾若有疑慮應及時撥打「110」通報警方派員處理，或撥打「165」反詐騙諮詢電話諮詢。

資料來源：內政部警政署刑事警察局
網址：
https://www.cib.gov.tw/Crime/Detail/997）

此外，若不幸成為詐騙受害者，除了立即報警處理之外，若日後案件破獲而收到法院傳票通知出庭，可先就近至區公所申請免費法律諮詢服務，會有義務律師在場解答相關詢問，通常是現場登記等候叫號，民眾可多加利用，以便多加了解法律程序及本身權益。

如果需要打官司，中低收入戶（須有相關證明）可逕洽法律扶助基金會（網址：http://www.laf.org.tw/）各分會諮詢與求助。

身心舒活帖

• 懷念溫馨的過往

記得小時候，愛好攝影的父親拍了很多幻燈片，大多是全家出遊的照片，而且常利用週末晚間放給我們欣賞。

每當幻燈機開啟，客廳的燈光一暗，我就非常期待出現在眼前的一幅幅畫面，那些都是全家歡聚的快樂時光。如今父母雖然都已回天家，但所有的幻燈片都有保存下來，連同那臺數十年歷史的幻燈機也是。

在網路科技與虛擬世界蓬勃發展的現在，已經很少人在拍幻燈片和傳統的沖洗照片，取而代之的是數位相機和手機影像，我甚至有朋友專門在教手機影片拍攝和後製，加上影像編輯軟體越來越容易操作，一般人都可以製作出Pro級的短片。**下一回您也可以在與父母相聚或出遊時拍照錄影，或掃描以前的老照片製作影片或自動播放的投影片，加上字幕、旁白、音效與視覺特效，就是一幕幕生動美好的回憶，隨時都可以和父母一起分享回味溫馨的親情時光。**

NOTE

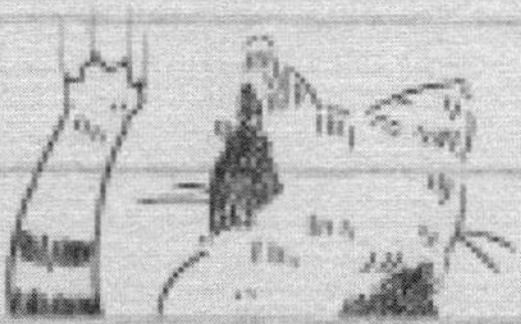

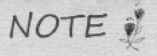

Unit 2 面面俱到，所以大家都會感激你？

我本身由於工作的關係而有機會與家長們面對面，這些年來無論是透過講座或成長課程，我都很珍惜與這些家長或長或短的交會，因為每位家長的分享，都是一篇篇可貴的親情故事，讓我體會了身為家長的用心與辛勞，也很感佩他們為了自己的家的付出。只是，有些家長對於孩子的疼愛與照顧，反而引發出乎意料的家庭狀況與親子衝突。

記得在某次的成長課程中，有位媽媽提到自己照顧兒子的情形。她原本是上班族，結婚生子之後為了好好照料幼子，在與先生討論之後，辭掉工作專心在家帶孩子，於是家務事和兒子的大小事完全由她一手包辦。

孩子從上幼兒園一直到當時已經國小五年級，這位媽媽不但親自替孩子準備午餐便當，每天也都接送兒子到校及返家。

「學校的營養午餐是不貴啦，但那些菜真的是太油了，也常有油炸的食物，吃多了對身體不好，」她向大家解釋。

除了在飲食和就學上把孩子照顧得無微不至之外，愛子心切的她也非常關心兒子的課業，平日每天都會抽空輔導和檢查孩子的回家功課，並且和其他許多家長一樣替孩子報名各種才藝班。

除此之外，她也會趁著連假及寒暑假安排全家出遊。若先生因公務繁忙不便同行，她還會把先生的飲食處理好，按出遊天數把飯菜全都做好冷凍起來，然後自己帶著兒子國內外趴趴走。雖然她先生都說自己可以買便當吃，但她仍堅持親自下廚。

「很多人都說旅行是最好的學習，」她接著說，「那我當然要給孩子最好的！」

可是，兒子卻讓她傷心了。

「我兒子啊！」她感嘆地說道，「有好幾次，我辛辛苦苦做的滿桌菜，有些他就是不想吃，我擔心他會營養不夠要他都吃，他就跟我頂嘴。他才小五耶！真不知道是跟誰學到唱反調？」

這位媽媽覺得自己對於孩子的呵護無微不至，能力所及都會把她認為是最好的提供給孩子；也不讓兒子參與家務，只要他用功唸書和認真學才藝就好，一點兒委曲都沒讓他受過，可說是面面俱到了，怎知兒子非但不知感激，反倒要跟她拌嘴，讓她覺得很受傷。

「我先生也說，幹嘛這麼替孩子操心，把自己搞得又累又氣？但是我就只有這個寶貝兒子啊！」這是她的結論。

這讓我想到一位出國旅遊的團友，原本也都把孩子帶在身邊，後來孩子自己表示「如果又要搭飛機，我就不去了」，她才自己一個人跟團出遊。

令人頭痛的親子戰爭

除了演講與授課之外，我也因為有幸出了幾本書，而獲得各地讀者的迴響，不但有星馬的讀者詢問購書資訊及分享讀後感想，也有臺港中的讀友們透過各種管道連絡到我，其中一位讀者就在去年捎了封電郵詢問親子方面的問題……

這位讀者的女兒目前就讀國二，在校成績並不理想，屬於班級的中後段，尤其理化更是一團糟。這位讀者當初想盡辦法遷戶口，好讓孩子越區就讀所謂的明星學校，就是看上這所學校的學習環境、師資陣容以及歷年來的高升學率。在他的觀念中，這是很多人夢寐以求的學校，但是也因為家長之中有醫師、律師、會計師、政府官員及大學教授，同學之間比來比去的風氣很盛。

自認家境僅是小康的這位讀者表示，即便如此，他依然認為讓女兒進這學校是值得的！也經常跟女兒提醒，學校的環境和老師都很優異，千萬要好好把握，努力用功學習。

「你確定這學校真的那麼好喔？」他女兒卻往往只是這麼淡淡地回應，頭也不抬地只看著自己的手機螢幕。

這位讀者說，每當聽到這樣的回覆，他總是很納悶，這孩子怎麼一點感情都沒有？電郵裡他提到了自己的成長歷程：他自小家境並不寬裕，所以很早就出社會工作賺錢，在友輩中也算早婚，和太太還是同事。

工作幾年之後，省吃儉用的夫妻倆存了些積蓄，就思考著準備脫離無殼蝸牛的行列，於是開始四處物色房子，結果因預算考量而貸款買下一間位於近郊的中古屋。這位讀者對於自己早年因家境而放棄升學深感遺憾，所以一定要自己的孩子接受良好的教育，也才會

遷戶口讓女兒就讀升學率高的國中。

然而，孩子想的就是不一樣，總覺得學習並非自己份內的事，而是爸爸媽媽的事。自從國小一年級到現在，每次寫作業都不太認真，即便他們夫妻倆很注重家中陳設、室內光線及植栽，努力為女兒營造良好的學習環境，無論是字典、成語辭典、作文工具書和文學名著也都備齊；當然也有電腦和網路，也早已教導如何查資料。但每當她遇到不懂的地方卻都得過且過，不會善用這些幫她準備好的工具，功課也只要馬馬虎虎過得去就好……他認為女兒其實並不笨，除了功課不好之外，其他方面沒有一樣輸給別人，但為什麼女兒就是一直沒有養成自主用功的習慣？這點讓他感到很苦惱。

他的女兒很喜歡玩手機遊戲，每天總是拿著自己的手機滑來滑去，一點兒也不在乎自己的學業。而他們夫妻倆除了撥接電話、回覆即時通訊息和收發電郵之外，其實很少在用手機，也根本不會玩那些手機遊戲，更別說每當女兒寫功課時，他們都在做家務事，電視、音樂根本都不敢開，就怕吵到孩子。他很不解，為什麼夫妻倆不玩手遊、不打牌、不菸不酒也不K歌，偏偏就養出這麼一個遊戲女兒？

有鑑於女兒愛玩手機，這位讀者之前就和她約定好，平日白天由他太太保管手機，寫完功課時再給她二十分鐘的時間上網，之後就要上床睡覺；週五和週六晚上則有兩個小時可以玩手遊。而在每一次的手遊時間裡，女兒全神貫注，不喝水也不吃東西，連洗手間都不想去，真的憋不住了才快去快回繼續玩，彷彿置身另一個時空，讀書都不見她這麼認真投入。

某個週五晚上，女兒照樣玩得非常起勁，眼看就要超過約定的時段，因她隔天早上還得出門補習，於是就催她收起手機，快點去睡覺。

「同學都有 iPhone X，我怎麼沒有？」他女兒竟然這麼說。「如果你買給我，我就聽你的！」

這位讀者聽了之後既驚訝又生氣，就訓了女兒一頓，唸她功課不好，非但不知加緊努

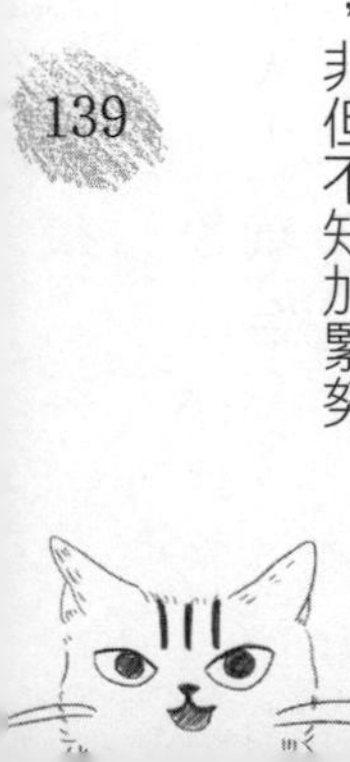

力還這麼貪玩，想要 iPhone X，先考個班上前三名再來講……他愈講愈火大，一氣之下，就搶走了女兒手上的手機，一直到他太太出來制止調停，才結束這場父女戰爭。從那時起，女兒就不跟他說話、也不寫作業，讓他感到十分困擾，因此來信希望我能給些建議。

在回信中，我首先感謝這位讀者對於我的著作的支持，接著表示辛苦了他要面對叛逆的孩子。看他信中的描述，我感覺他的女兒可能因為校園中「比較」的風氣很盛行，所以執意也要有 iPhone X 才覺得有面子。其實在許多所謂的明星學校中，同學之間相當流行比來比去，孩子想不受到同儕影響都很難。

我接著問道，不知他們在女兒小時候和她的相處狀況如何？我請他無須答覆我，只要自己回憶一下，當時是常花時間陪伴孩子？或是夫妻倆大多忙著工作，而孩子比較多的時間是需要自己度過？孩子情感的強度和感受能力，有很大一部分來自和主要照顧者的相處模式。如果她從小比較是自己一個人獨處，就很容易在手遊世界中尋求刺激、成就感和快樂，久而久之對於人際關係反而比較無感。

我又問，他提到孩子除了學習不好，其他沒有一項輸給別的孩子，那麼這些是什麼呢？是體育、繪畫、音樂，還是其他方面？大多數的家長，尤其華人，都希望孩子學業表現良好，但如果孩子的興趣不在讀書，而是想往其他方面發展呢？不知他是否有和孩子溝通過這點。若選擇讀書之外的其他方面發展，或許不會更輕鬆，孩子也可能也還不能體會這一點。若女兒真的是對其他方面有興趣，可以先讓她知道不唸書並不會更輕鬆，一旦選擇那條別的路，就得更努力鍛鍊技能。

我有一位高中學歷的朋友，頭腦很好也很會做生意，他寫的書已有好幾種語言的版本。而我知道或認識的一些大廚、髮型設計師及各領域的創作者，很多也沒唸大學，甚至有年輕人因精通線上遊戲而進入遊戲產業工作。這位讀者自己當年沒繼續升學，才把希望寄託在孩子身上，但是那並非女兒自願的，導致她覺得唸書是為了父母，所以親子之間容易產生衝突。我問，如果女兒真的對其他方面有興趣甚至想朝該方向發展，他會試著接受、分析狀況然後鼓勵她？還是堅持要孩子按照父母的意思？

我最後提到，他和孩子目前的狀況比較像是互相要求：一方要求成績；另一方要求iPhone X，父女倆其實是在「談條件」，彼此都感受不到親情的溫暖。這樣的親子關係，很可能是長久累積下來的結果。我就將上述這些想法和方向提供給他參考及思考。

很快地，我收到這位讀者的回信，謝謝我在百忙之中很快抽空提供建議，真是讓他太感動了。他表示我從頭到尾透徹的分析以及提供的寶貴意見，讓他一邊咀嚼著信中的一字一句，一邊回味著過往的日子，從前的一幕幕就浮現在腦海中。他了解到對抗無法解決問題，溝通和交流才能修補親子關係，又提到今後真的需要反思，先把親子關係處理好，讓女兒對他產生信任，如此一來才能真正了解孩子心中的感受，而非只顧著要求她的成績。

做少一點

許多的家長們，都覺得自己的孩子非但無法體會父母的一片苦心，反而表現出叛逆的言行；更納悶自己的孩子怎會如此薄情與不知感恩，甚或連自己最忠實的隊友／配偶，都不支持自己的做法，真是情何以堪！事實上，孩子們的冷淡回應或激烈反抗，或許正是父母一天天培養出來的。

很多家長為了要孩子用功讀書，都交代孩子只管好好唸書即可，無須一起分擔家務。有些孩子看到父母操勞而想出手幫忙，卻被父母給擋了回去，久而久之當他們看著又忙又累的父母，就會感覺自己只是個無關緊要的旁觀者，逐漸養成「只享受、零承擔」的觀念，理所當然認為只要靠父母就能搞定一切，無法領受關懷、體諒與感恩的真正意涵，甚至將父母的愛視為束縛而亟欲掙脫。

無條件的愛，並非讓孩子除了唸書什麼都不做。如果您正好是為孩子打理一切和無條件付出的家長，在此邀請您開始練習「少做一點點」。這並不是要您對孩子冷漠或疏遠孩子，而是接納與尊重孩子是「獨立的個體」，讓他們在其能力所及的範圍內學習管理自己的生活，以培養獨立自主和承擔責任的能力。

家，是屬於家中所有成員的，每一份子都必須付出心力（例如家務）與情感（例如以傾聽和溝通取代要求），親情才得以暢通無礙，孩子也才能在過程中體會付出、收穫的樂

趣及父母的辛勞，進而真誠地心懷感激。

另外，若是為了獲得他人的感恩而付出，說穿了只是用盡心機換取外在的虛榮，一切都只是「為自己」。如同在第一章節裡〈過度熱心，只會累死你自己〉文中所提到，在熱心助人之前，可以先思考這真是對方的需求？還是為了彰顯自己能幹，一股熱血其實是用來餵養自我優越感、甚或討好別人？同樣的，**在想要面面俱到之前，可先問問自己是真的為了別人好？或者是為了贏得別人的掌聲和誇讚好替自己攢面子？為了滿足自我而精疲力竭，值得嗎？**

• 生命練習曲

在去年六月四日商周.COM的〈讓孩子從錯誤中學習！侯文詠：兒子在國外身無分文，打回家求救，我的回應是……〉訪談中，作家侯文詠提到他如何讓孩子從錯誤中學習，而我剛好在他兩年前與施振榮的一場對談中親自聽到他分享此事：

身心舒活帖

侯文詠夫婦為了要養成孩子節儉的習慣，從小就不太給他們零用錢，若孩子們外出之後需要用錢，要嘛就得考慮清楚是否真需要花這筆錢，不然就必須設法自行張羅，所以住在學校附近的親友和相熟的街坊鄰居有時就成了他們「調頭寸」的對象，而他們事後也都會儘快悉數歸還借來的錢，歷年來信用良好，但卻也因此習慣了出門不帶錢。

有一天，習慣外出不帶錢的小兒子在美國要搭飛機去找大兒子，到了機場才知託運行李要加錢，卻赫然發現自己的身上沒有錢！於是他趕緊打電話回家求救，怎知侯文詠竟然要他自己想辦法，還說遇到這樣的考題還真難得，結果如何在上飛機前回報即可。他的小兒子這下只得硬著頭皮在異鄉向陌生人借錢，好在最後終於順利籌到款項解決燃眉之急。得知此次危機處理圓滿達成之後，侯文詠還非常開心「兒子在國外終於當乞丐了」，這麼難得與特殊的人生經驗，可是花多少錢都買不到的呢！

適時放手，不但能減輕自己的身心負擔，也能讓他人練習「為自己負責」。

Unit 3 孩子的前途，你能一直幫他走嗎？

去年暑假，我應邀為臺銀的退休員工社團進行身心保健的演講，場地就在位於陽明山的臺銀行員訓練所。這個社團每月都會邀請各領域人士蒞臨演講，無論是講座安排人員或訓練所的職員，每個人都盡心盡力辦好活動，也很關切講者與聽眾的舒適。

參與這一場講座的長者們很專心聆聽並踴躍發問，演講完畢之後，我便獲邀在員工餐廳和他們共進午餐，菜餚非常豐盛可口，講座負責人也加碼替大家準備了下午茶及點心，於是我就帶著這份溫暖的心意下山，趕赴受訓地點繼續我自己的學習。

在課間休息時，我看到手機顯示有一通未接來電，一看原來是我住的這棟大樓的管理員打來的，我就立刻回撥。接通之後，管理員大哥告知剛收到一個我的包裹，問我什麼時候會回去？因為當天下課後我還有事，晚上才到家，但已經在他下班之後了，他就說會把包裹放在櫃臺後方，等我回去再拿就好。

等我晚上回去時，先是去開信箱，只見裡面除了一張紙條並無其他信件。紙條是管理員留的，再次提醒我要記得拿包裹。這並非我第一次收到他的實體留言，於是我拿著紙條走到櫃臺，先確認在後方的那個包裹，接著就準備在紙條上寫「包裹已取，謝謝！」正在我寫的當下，一位鄰居小男孩走進來按電梯，等電梯門打開之後……

「請問妳要不要搭電梯？」小男孩問我。

「沒關係你先上去，我還要寫點東西。」我這麼回答他。

「好，那我先上去了，晚安。」小男孩對我說。

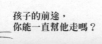

「謝謝。晚安！」等我回覆完，電梯門也關上了。我把寫好的紙條放在櫃臺內側桌上「歸還」管理員，就捧著包裹搭電梯上樓了。

這或許是一段平淡無奇的對話，但並非每個孩子都這麼有禮貌還會說「晚安」，甚至成人都未必會如此周到。我在電梯遇過這位鄰家小男孩幾次，雖然他父母都不在身邊，但他都會主動向人問好，態度非常自然，每次見到他，我都會在心裡稱讚著：「這孩子的家教真好！」

然而，並不是每位家長都如此教育孩子。

媽寶面面觀

這些年來，我時不時會收到「舞蹈治療」的相關詢問，有些是電子郵件，有些則是臉書私訊，大多是詢問課程或出國進修事宜，不過我在幾年前收到的一封電子郵件，卻不是問這兩件事。這是一位媽媽來信詢問關於舞蹈治療的資訊，因為……

「我的兒子現在唸國中，老師要他們寫一篇關於舞蹈治療的小論文，下禮拜就要交，所以希望您能撥冗提供相關訊息……」這位媽媽寫道。

哇嗚，寫得真直接，問都不問就來要資料呢！我當時正忙著寫稿，實在沒多餘的時間管他人之事，但也不想就這麼拒人於千里之外，於是上網找到幾個內容還算豐富的相關網頁，將網址複製／貼到回覆她的電子郵件裡，也建議可抽空到圖書館找相關書籍參考，並祝她平安喜樂之後就將郵件寄出，前後不到三分鐘的時間，然後繼續寫我的稿。

這位媽媽顯然是在幫孩子找資料，但這到底是誰的作業呢？其實，我在臉書上不時看到臉友們提到自己的孩子要交哪些作業，得上網或到圖書館幫忙查資料，好忙啊！咦，我們以前唸書的時候，爸媽怎麼都沒幫忙找資料呢？

我還記得多年前我還在外縣市的大學任教時，某次系上教務會議的情景。那次的會議是關於每學期末的「教師評鑑」（我一位從事教育訓練的學生將之戲稱為「驗『師』報告」），系主任向各位老師簡要說明上學期的學生回饋。語畢，系主任提到別的系上一位非常資深的教授，教學資歷已超過二十年，因為教學認真嚴謹，每週都會給學生出作業，考試題目也有一定的難度，並非那麼容易過關，結果學生給的評鑑分數很低，讓他感到非常難過與灰心。

「這位教授一向教學認真，他在學校這麼多年，我們都看到了，」系主任說道。「好在院長也了解這個狀況，所以就沒有進一步追究老師。」這位教授也獲得系上的安慰與鼓勵，總算是歡喜收場。

「這很正常啊！大家都不想寫功課，考試越簡單越好，最好都不用考只要交報告就好，還可以互相抄。」一位老友在某次 Line 對話中提到。「以前我在大學兼課時，還被系上交代不能把學生當掉呢！」

其實學生如果沒有太離譜，我們做老師的也不輕易言「當」，只是萬一平時上課都沒出現、作業也沒交、期中和期末考又不來、通融給機會交報告也不寫、透過校務系統通知家長根本就毫無回應，這還能怎麼辦呢？

「那就只能給他零分，這是他的選擇。」系主任的話猶言在耳。這是我到目前為止唯一當掉的學生。

「所以後來我就不教啦！」這是我的老友在 Line 對話中的結語。

幾年前，一位任教於國立大學的臉友發文指出，由於多元入學方案實施，「社會服務」也成了大學入學的申請條件之一。由於這位教授有成立一個協會、經常辦活動，因此不時會收到義工申請的詢問，有些是學生本人自己處理，有些則是學生家長代勞。不過他發現，有些學生進協會擔任義工之後，感覺上只是為了取得服務證明為自己的入學條件加分，所以，在態度上並不是真心想來服務，讓這位教授很感慨。

我今年三月下旬則是看到任教於另一間國立大學的臉友發文，回覆自己面試學生是否有遭投訴。這位教授每年都會面試潛在的新生，歷年來還真遇過家長投訴他。至於遭投訴的原因，是因為家長認為這位教授問的問題「讓他的孩子不知道怎麼回答」，甚至還向校方反應「為什麼沒有考古題讓他的孩子練習，害他的孩子很緊張。」

呃……大學有提供入學面試考古題的義務嗎？這樣的要求合理嗎？

「幸好校院系都很明理，」這位教授臉友繼續寫道，「沒有搭理這種家長，以免進入本系成為麻煩。」他在文末還不忘指出，他們一定會盡全力避免這樣的學生占用教育資源。

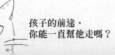

我不禁想著，等到這位學生日後成為社會新鮮人，不知他的家長是否會向孩子將去面試的公司要考古題？

說到工作，今日新聞NOWnews今年2月26日的〈女網友抱怨27歲男友跟媽媽睡，網友諷「還沒斷奶」〉報導提到，一位女性網友在臉書「靠北男友」社團發文，抱怨她那二十七歲的男友竟然還要跟自己的媽媽「一起睡，一起工作」，想找男友陪伴還得預約時間，使得她在社團跪求「媽寶男友」的定義為何？有人開玩笑說其實她是小三，男友的母親才是正宮，但多數網友則表示「等他媽媽不在了，他還能活嗎？」紛紛建議她放生男友，別再浪費人生。

在臉書上除了有幫孩子查找資料做作業的家長發文之外，另一類常見的家長發文是「陪考」：陪準備考試及陪著去考試，從基測、學測到會考、指考，或報考個別招生的院校，許多家長不但為了陪孩子唸書而放棄自己的休閒，到了考試當天還親自出馬護駕孩子到考場，在考試前後及休息時間遞茶水食物手帕還搧風，有些家長更鉅細靡遺地用照片記錄從出門、在路上到抵達考場後的過程，甚至傳授陪考密技，真是辛苦了各位家長。

如果孩子年紀還小，陪著他們去考試並無可厚非，但是這些發陪考文的家長，他們的孩子卻大多是國高中生。有位陪十五歲的孩子考試、熱愛陪考且經驗豐富的網友表示，她就曾看過一家三代都上場陪考，由爺爺奶奶開車先找到考場周邊的停車位，待媽媽送考生進場之後，馬上回家張羅午餐帶過來，等中午孩子考完就能上車享用熱騰騰的午餐，還可以吹冷氣甚或小睡片刻，完全無須在外面人擠人曬太陽，真是既舒適又愜意。

那麼，我們以前唸書的時候，長輩們怎麼都沒來陪考呢？說真的，我們唸書那時候鮮少聽聞有家長陪考這件事，幾乎都是自己到考場，除非是考外縣市獨立招生的學校可能就另當別論，但現在似乎少有家長不陪考，只能說這又是另一種「少子化效應」。

但這究竟是誰的考試呢？

自由時報今年 4 月 28 日一則即時新聞綜合報導，披露東海大學有一名林姓大二生，自去年十月起就不到校上課，家長卻指責校方未通知，導致七萬元學費付諸流水，遂向學校求償。

林媽媽指出，上學期兒子二度返家，皆未透露沒有去上學，等看到他的成績單一問之下，兒子只說了自己「情緒不好」就沒再多做解釋。林媽媽認為付了這麼多學費，校方竟然沒有啟動校園安全機制也不關心學生，遭致她權益受損，於是寄出存證信函並不排除提告求償。

針對此事，東海大學表示上學期已向林姓學生發出「期中預警」及寄通知給家長，提醒要多多關心孩子，而老師也曾經和林同學面談，當時他就表達自己想要休學，之後就沒出現在校園中。校方強調林同學已年滿二十歲，是擁有絕對自主能力的成年人，並不清楚他為何沒有主動

延伸閱讀

《滿分爸媽養成書》（套書），姜愛玲、凱信教養研究連線／著，凱信企管，2014。

與家裡溝通。目前林同學已按照規定辦理休學。

我和朋友們不禁揣測，如果這位同學日後出了社會因無預警離職而遭公司依法求償，那麼這位媽媽又將如何回應？

孩子的前途終究得自己走

「親子寶貝館」網路社群一篇名為〈這麼教，孩子一天就長大！看看「德國的幼稚園小朋友」都學些什麼！〉的文章寫道，德國的小朋友要在幼兒園度過三年近四千個小時，他們在這段期間參觀警察局和消防隊，學到了如何報警與處理遇到壞人的狀況，以及學習躲避火災的常識和滅火知識；他們還參觀郵局和市政府，了解信件遞送的流程也認識了市長；他們也去自由市場和超市，拿著錢學習選擇物品及結帳、區分自由市場與一般商店的差異；也在圖書館學到如何找書和借還書；更搭乘有軌電車學會記住回家的路線。

孩子們還去花圃學習辨別各種植物；去看馬戲、魔術和兒童歌劇；在櫻桃收穫的時節

跟著老師採櫻桃；在南瓜收成時和老師共同烹製南瓜湯。到了聖馬丁節，他們要和老師一起動手糊紙燈和遊街來紀念這位騎士聖人。等到三年過去了，孩子們已經學會自己修理玩具、管理時間、約會、制訂計劃、搭配衣服、整理東西、找警察……這就是一位六歲德國兒童的生活能力。

另外，文章裡也提到德國的幼兒教育很務實，強調事實與環境教育，透過自然觀察體驗、機構參訪、直接參與分揀垃圾等活動，激發孩子們對周遭環境的興趣，進而培養他們的環保意識。

此外，實際生活與家政教育也是教育重點，藉由設計有意涵的情境及模擬練習，讓孩子們以體驗學習的方式養成團體生活所需之技能，例如，認識年度重要事件、穿衣、整理房間、洗衣做飯、操作各種玩具及家電用品、熟悉交通規則，並對緊急情況作出反應；反觀咱們的國高中生，卻依然需要家人陪考！這和國內教育現狀形成強烈對比。

我認識一位小朋友，她從幼兒園時期就開始學跳舞和英語到現在，上了國小就加碼學畫畫和樂器演奏，也補習數學，從小就一刻不得閒。家中長輩深怕她學得比別人少，也時常拿她和品學兼優的姊姊比較，讓她感覺很有壓力。反之，德國的教育是刻意讓孩子輸在起跑點，因為他們認為學齡前兒童的唯一任務就是「快樂成長」。由於孩子天生愛玩耍，所以要順著他們的天性與成長規律，而非過度開發他們的智力、不斷壓縮大腦的想像空間，否則長久下來孩子就越來越不會主動思考。

孩子的前途，終究得由孩子自己走，生活技能和緊急應變能力，才是形塑獨立人格的基本盤。

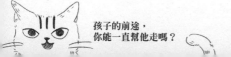

身心舒活帖

• 親子身體小教室

培養孩子的獨立性，要先由了解孩子的人格特質開始，這樣才能依此採取最適切的溝通方式。當親子互動暢通、孩子的聲音獲得傾聽與理解，自然就更願意和父母溝通：

一、父母篇：身體的心情小故事

除了身體動作之外，情感的表達也會透過臉部表情和說話聲音呈現出來。一般來說，滿臉通紅通常代表害羞、窘困或生氣；臉色發白表示驚恐；皺眉頭代表煩惱或困惑；嘴角向下顯示不開心；眼神飄忽不定可能是漫不經心或有事相瞞。另外，說話聲音中的音調、音量、語氣、速度節奏和字句的斷續，也是探詢內心感受的重要線索。保持對這些副語言（Paralanguage）的敏銳度，就更能明白孩子心中的點點滴滴。

二、親子篇：身心快易通——親子間的情感交流

要增進身體語言的觀察力，可以從動作的模擬開始，先在身體層面和孩子在動作上達到協調一致，進而體會孩子動作中所蘊含的心情，讓自己和孩子在身心兩方面達到調合。若您的孩子年紀比較小，可與他們進行以下活動：

【我是你的鏡子】

1. 和孩子兩個人面對面，先由孩子帶領動作，家長則是孩子的「鏡子」，必須留意孩子的動作轉變並且忠實地做出來。
2. 可以先從臉部表情的變化開始，擠眉弄眼、皺皺鼻子、鼓起腮幫子、嘟著嘴巴……。
3. 以各種不同的手勢搭配持續變換的表情，讓動作更有趣。
4. 雙腳也可以動一動，讓親子從頭到腳共享手舞足蹈的樂趣。
5. 變化身體的高低、上下左右前後等方向及動作的速度和力量，讓動作更豐富。
6. 兩人交換：由孩子當鏡子，家長帶領動作，在「身體總動員」的過程中讓彼此更麻吉。

若孩子年紀比較大、玩遊戲對他們而言並沒有那麼大的吸引力，父母親還是可以在日常生活中多多觀察孩子的身體語言。

首先，留意孩子說話的慣用語氣（速度、音量、音調和用字），並以這樣的方式與之溝通。例如，輕聲細語的孩子通常比較秀氣或害羞，若以突如其來的聲音或動作回應，或許會讓孩子感到突兀或害怕；若孩子比較細緻敏感，太過直接的表達可能會在無意間傷了孩子；若孩子既活潑又好動，說話宜講重點，以配合孩子自身活躍的節奏韻律。（註）

思想上的獨立能夠促成行動上的獨立。找到最適切的親子溝通模式之後，可進一步引導孩子培養多面向的獨立思考，舉凡日常家務、校園生活、休閒娛樂等等，都可鼓勵孩子說出自己的想法感受，與您互相討論及彼此回饋，以此訓練孩子的思考與表達能力，而非單方面下指令要求孩子遵從。

我本身從國小開始就幫忙做家事，擦擦家具洗洗碗，還常被差派到附近雜貨店買東西，或自己一個人看家，這些都是訓練獨立的簡易方法，只是現在的環境比以往複雜許多，家長在派孩子出公差之前，必須先教導孩子如何辨識可疑的危險因子及保護自己，例如，帶哨子出門、不接受陌生人的任何東西、熟悉附近店家及派出所以便必要時入內求援或報警等，讓他們在家在外都同樣安全。

帶著孩子一起和老師練習【我是你的鏡子】互動遊戲。

註：摘自《滿分爸媽養成書》，姜愛玲／著，凱信企管，2014。

Unit 4

過好自己的日子，就是最好的孝順

記得多年前我尚任職於某外商人資部門，由於我的工作職掌是「員工關係」，因此必須經常規劃和舉辦各種公司內部活動，以軟性、親切的手法宣達公司政策，而這些活動也包括了一年一度的年終晚會。

雖然因公司部門及員工眾多，尾牙的規模大到要委外由公關公司辦理，但我們這個團隊也沒閒著，除了要隨時盯著公關公司的進度之外，各部門的座位安排與摸彩活動更是由本組全權負責，所以尾牙之前通常必須加班到很晚，有時甚至到了半夜都還在辦公室和同事們處理繁雜的尾牙事項。

有天加班到特別晚，我的手機鈴聲響起……（通常這個時候也只有家人會打電話來。）

「愛玲啊，妳什麼時候會回家？」電話的那頭傳來老爸關切的聲音。

「我……也不知道。」當時我的主管就在附近，我只得支支吾吾地小聲答覆，簡短講完之後繼續努力幹活兒。結果那天我忙到凌晨三點多才和同事們各自叫車返家，好在車資可報公帳也有加班費可領，但人可真是累壞了。

當我還是上班族的時候，和少數幾位朋友一樣幾乎都不用和其他同事外出買或吃午餐，因為我們都「帶便當」，而且還是用老派的「金屬便當盒」裝飯菜，讓其他同事個個嘖嘖稱奇，也有人很羨慕。我們這群帶飯一族平日下班回家差不多都過了用餐時間，到了那時才動手張羅飯菜，在家久候的父母恐怕早就餓昏了，所以我們每天中午都是品嚐父母的愛心，到了假日才下廚或和父母一同外出用餐。

這讓我想起更早之前的一次飯局，有位同學分享她的父母對於她加班的看法。

「我爸當時就說，『妳經常為了處理老闆的私事加班，這很不合理，乾脆不要做好了！』」同學說出老爸的心聲。「但是他有沒有想過，我不做的話誰來養我啊？」

還好，同學後來另謀高就，而且一做就做到現在，看來很可能會待到退休。

天下父母心，即便我們都已經長大成人外出工作，但在父母的眼中卻永遠是個孩子，他們關心的經常不是我們在職場上表現得多好、可以賺多少錢、能拿多少錢回家，而是我們有沒有吃飽？衣服有沒有穿夠？工作是否順利？經常加班會不會累？那麼晚才回來安全嗎？日子過得開不開心？是真正做著自己喜歡的事情嗎？

累在兒身、疼在娘心

我有一位同學多年前因為婚姻和工作的關係移居香港。她的先生是在臺灣工作的香港人，他們因為是同事而認識、交往，婚後先生被調回香港總公司，同學就一起請調，並於婚後辭職在家相夫教子。幾年前我應邀至香港授課，出發前連絡上這位好久不見的同學，她表示很想看我寫的《被遺忘的童言》（凱信企管，2012），我就爽快答應會帶一本給她，於是相約在香港見面，她為了謝謝我送書就請我喝下午茶。

我們在一間面海的咖啡廳邊吃邊聊，除了聊聊彼此的近況，也因為這本書的主題而談到孩子的教養和課業問題。同學說她本來以為臺灣的中小學生唸書已經夠辛苦了，想不到在香港更慘！

香港的中小學大多是教會學校，校規相當嚴格，學生們動輒得咎，課業繁重的程度比起臺灣有過之而無不及，讓她一開始相當傻眼。她說學校老師出的回家功課真的很多，孩子們經常為了趕作業而無法準時就寢，都晚上十一點了還拚命在寫，但隔天一早六點就得起床準備出門上學。她還提到兒子雖然很用功，但成績並不亮眼，時常遇到不會寫的題目需要她教，甚至會因為太累又挫折而邊寫邊哭，讓她看了相當不忍。

聊著聊著，我們都覺得孩子們顯然睡眠不足。晚睡不但會造成精神渙散，更嚴重影響孩童的腦力發展及身體免疫力，像同學的兒子就經常感冒，又常因做作業睡眠不足，精神體力都來不及恢復，卻又有更多的功課要寫，於是繼續睡眠不足，長久以來形成惡性循環，這樣下去學業要進步也很難。

其實，學齡期的孩子是非常需要睡眠的。ETtoday 新聞雲 2015 年 2 月 20 日的一則國際新聞報導指出，根據「美國國家睡眠基金會」的研究分析，各個年齡層所需要保持的健康睡眠時間都不相同，而過去也曾有心理學家針對八十位十歲兒童進行研究，結果顯示睡眠時間較久的孩子學習能力較強。對於六到十三歲的學齡兒童來說，他們需要九到十一小時的睡眠時間，但有人只要睡七小時就可以，有些人卻得睡十二小時才夠；十四到十七歲的青少年則至少須睡足八到十小時，以確保體內激素分泌正常適量與情緒穩定。

「我都告訴我兒子：『媽媽不要求你唸書要唸到多好，只要及格就可以，身體健康比較重要。』」同學說道。「等孩子要上國中，我一定把他們送回臺灣！」

同學對於孩子課業的看法很令我欣賞，因為她當年就是品學兼優的好學生，都拿前幾名又領過獎學金，還經常擔任班級幹部，卻不會以自己當年的學業成就來要求孩子也必須做到，以華人家長而言是挺難得的。

兩年前，同學果然舉家遷回臺灣，孩子們不但順利就讀本地的國中，也漸漸學會有效管理時間，雖然有時仍會因為寫功課而比較晚睡，但情況已有改善。孩子能夠學習自我管理，照顧好自己的身體健康，父母一定會感到非常欣慰。

「看到他們這樣，我就放心多了。」同學上個月在 Line 對話中如此表示。

愛自己，就是孝順

緣份，真是一件很奇妙的事！尤其，在網路發達之後，許多人事都能因而再續前緣。我有一位幼稚園同學，原本因為我搬家而失去聯絡，多年之後，拜網路之賜讓他找到了我，還因此獲邀到他服務的單位授課，讓我深感人生真是處處有驚喜。

由於我們隔了三十年才又重逢，因此都不清楚彼此在這段漫長歲月中是如何度過的。趁著課程午休空檔和下課之後，我們就好好地聊了各自在這些年的狀況。小時候我們因為住得很近，所以常在放學後和鄰居小朋友玩在一起。印象中，這位同學是個既聰明又頑皮的小男生，經常因為調皮搗蛋而獲得老師的「關切」，但是他後續峰迴路轉的發展，在聽到他親口敘述後，讓我相當吃驚！

「我一向很愛玩，國高中不知是怎麼畢業的，後來竟然也吊車尾考上大學，那當然就是由我玩四年，」同學笑著說。「我大學畢業就去當兵，退伍之後也還是沒什麼人生目標，

回到家就開始悠閒度日，工作有一搭沒一搭，還交到不太好的朋友。家人當時都很擔心，尤其是我媽，但是無論他們怎麼勸我都沒聽進去。」

「直到有一次我朋友酒駕出車禍，我趕到醫院探望，看見他那樣子我真的嚇到了，」他繼續說道。「其實我本來要和他一塊出去，偏偏那天晚上我居然拉肚子，只好在家休息讓他自己去，沒想到就此逃過一劫。」

他接著告訴我，這位朋友的傷勢很嚴重，身上多處裹著紗布，臉部包到只有眼睛和嘴巴露出來，在加護病房待了好一陣子才轉到普通病房，出院之後又復健了半年多才能正常走路。

「我當時忽然覺得生命好脆弱，一不小心命就沒了！」同學接著說。「回去之後我想了很久，好像不該再這麼混下去了。後來我開始好好工作存錢，下班之後就補托福唸英文，在三十歲那年到加州唸書，總算不用再讓家人擔心了。」

同學學成歸國之後，適逢教育部培訓及招考中小學英語教師，於是他就去報名參加，受訓後考核也一試即中，再透過甄試進入北臺灣一所國小任教，成為作育英才的老師，和年輕時的漫不經心真是天差地遠。

「所以啊，我現在開車都很小心。」我們邊聊邊走向他的車，因為他要載我到車站搭車回臺北。「我們的命是父母給的，要好好珍惜啊！」

「望子成龍，望女成鳳」是華人的傳統觀念，總希望自己的孩子長大之後出人頭地、出類拔萃，為家族爭一口氣，也確實有包括我自己在內的許多人，在成長過程中因背負了父母單方或雙方對孩子的期許，而產生壓力甚或抗拒。

時代在變遷，觀念也在轉變，在我身邊有越來越多的朋友和家長，漸漸不再將高大上的期望加諸於孩子身上、企盼他們將來功成名就大富大貴，而是希望孩子健康快樂地成長，能夠做自己想做的事情，獨立自主過自己喜歡的人生。

身體健康是一切的根本。《孝經》開宗明義告訴我們：「身體髮膚，受之父母，不敢

毀傷，孝之始也」，這就包括了好好維護自己的身體健康。如果我們無法體會保持身心健康的重要性，那麼不僅是不夠愛自己，也不夠孝順。許多人外出工作除了最基本的養家糊口之外，也會回饋父母養育之恩。然而，如果因為過勞而傷了身體，這可不是父母所樂見的，反而會讓他們更加擔憂。孩子是父母心中永遠的牽掛，我們的健康與生活素質的好壞，對父母的情緒品質是有影響的。

許多人逢年過節返鄉都會想著要帶什麼禮物回去孝敬父母，但是可能都沒有注意到，我們一回到家，父母最關心的不是收到什麼樣的禮物，而是孩子在外打拚的這些日子過得好不好。有些人可能會因為父母年事已高，擔心自己的努力趕不上他們老去的速度，所以就拚了命的工作賺錢，有時反而傷害了身體健康，這樣就是孝順了嗎？

其實，若是為人子女的都能照顧好自己、讓自己過得更好，就已經是做到了最基本的孝親。因為唯有健康的身心，才能好好過生活，不讓自己的父母操心，也才有能力照顧到他們，所以說，過好自己的日子，就是最好的孝順了。

身心舒活帖

• 我的專屬放鬆冥想

緊張忙碌的都會生活和我們所必須扮演的各種角色，往往容易使人神經緊繃、疲憊不堪，所以，適時的放鬆很重要！

有句話說，放鬆是需要學習的；身心安適，是過好自己人生的首要條件。坊間有許多書籍、影音或課程都有提供引導式放鬆冥想，其實您也可以輕鬆DIY屬於自己的放鬆冥想。

接下來，就請您依照自己的喜好、習慣和經驗填寫下列各題，完成您個人專屬的放鬆冥想內容：

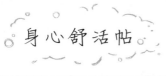

什麼地方會讓你感到放鬆？

例如：海邊、森林、山上、公園等等

我喜歡在……

你看到了什麼？

例如：花草樹木、鳥、雲朵、山等等

我看到了……

你聽到了什麼？

例如：風、海浪、鳥鳴、樹葉沙沙聲等等

我聽到了……

你聞到了什麼？

例如：新鮮空氣、花香、海的味道等等

我聞到了……

這裡為什麼讓你覺得放鬆？

我覺得在這裡很放鬆、自在，因為……

當您感覺需要釋放情緒或壓力時，即可參閱或朗讀這份您個人專屬的放鬆冥想，或事先錄下來方便您在需要時播放，也可搭配輕柔的音樂或大自然的聲音，讓它陪伴您在情緒的浪濤中安穩前行。

chapter 4

職場篇

Unit 1 老是抱怨工作，那你為什麼還不走？

多年前我在一場聚會中認識了一位熱衷身心靈成長的朋友，他當時是和他妹妹一起參加聚會，我們三人相談甚歡，接著他提到還有幾位朋友也對這方面有興趣，要介紹給我認識，於是我們就互留手機號碼及電子郵件，而他也提議大家找一天出來見面聊一聊。過了不久，他就組了一個電子郵件群組問候大家，同時請每個人以「全部回覆」的方式簡單介紹自己，順便提出有空的時間，好讓他安排大家聚會。

大伙兒後來就見了幾次面。我們這群人大多是上班族，有人在教育界服務，有人則從事其他行業，而我朋友正好是公司小開，也就是直接繼承家中事業。

我這位小開朋友一直對幼教很有興趣，雖然本身不在教育界服務，但他妹妹剛好就是國小老師，加上朋友當時已經計畫成家，因此很關心未來自己的孩子可以在怎樣的環境學到什麼。當時他的想法是，我們每個人根據自己的專長腦力激盪，如果要籌辦一場暑期兒童營隊，可以帶些什麼活動？

「哇，一下子就要帶營隊，這個計畫好大啊！」當時我在心裡嘀咕著。

由於我們當中並沒有人在做行銷企劃，一時也不知上哪找場地，因此有人提議縮小範圍，先以課後或週末的親子活動來發想比較合適。印象中，我們談話的內容大多是了解彼此的工作和興趣，對於課程或活動內容倒沒有太多著墨，所以這件事就一直都沒有譜。

在一次聚會中，只有我朋友和他妹妹、他的一位老朋友和我四人出席，他的老友問他為何想辦這些活動……

「我是希望如果做起來的話，或許就可以轉業。」朋友倒是坦率。

「轉業？你不是就接家裡的事業？」我問道。

「你知道我們家做的是傳統產業，這還是比較客氣的講法，說穿了其實就是夕陽工業，我也一直在思考如何守得住又有得賺，畢竟這產業在過去曾輝煌過好一陣子，」朋友家是做文具業。「現在都流行數位化，對於文具的需求恐怕會越來越少。」

「是沒有錯，但可以轉型啊！轉業的話，你要怎麼跟家裡說？」朋友的老友發問。「不是有傳統文具製造商轉型成觀光工廠？」

「我們家工廠的地點比較偏僻，不像宜蘭或其他那些熱門觀光地區，在沒有周邊景點串聯的情況下，要別人特地拉車來一趟其實不太可行。」朋友的妹妹回答。擔任教職的她，並沒有參與家族事業。

「所以我就想試試幼教這一塊，先從短期課程開始，看看能不能慢慢做起來。」朋友又說。

「那……或許可以增加『幼教』這個項目，例如先由出教材來轉型，而不是轉行。」朋友的老友建議。

「我是可以設計和帶領課程，但我們要怎麼宣傳？」我問朋友。

「到時候就先在臉書上公布，或者也找找其他網路管道，也可以印DM找地方放。我目前想到這些。」朋友說著。「我們可以先參考別人的DM，有空的話就搜尋一下適合的場地。」

經過了一段時間的計畫，我們找到了一處位於大馬路旁巷子裡一個二樓空間的身心靈中心，規模不大但鬧中取靜，裡面的陳設簡樸舒適，很適合來這裡好好放鬆一下。我們這群人就在這裡分別帶領其他人體驗頌缽、牌卡與肢體開發，有一位伙伴則是向大家介紹精油和花精，算是一種「交換課程」。

「你找這場地有沒有付錢給人家啊？有的話要講，我們平均分攤。」我在朋友帶頌缽體驗時問道。

「沒關係啦！我又沒跟你們收錢，大家就是一起來玩，這場地的主人我很熟，他們知道這不是收費課程，今天晚上也剛好沒課，就免費借我們用。」朋友笑著回覆。

那一位朋友真是佛心來著。

那天體驗完頌缽之後，大家都很放鬆地躺在地上，還有人幾乎快睡著了。大約五分鐘之後，大伙兒陸續起身聊聊剛才體驗的感受。其中，有位伙伴一打開話匣子，就開始講她在工作上遇到的諸多不如意，也透露想要離職，這一講就是十分鐘。

「我好像不是第一次聽妳說想換工作，可是都兩年多了，妳怎麼還在那裡？」朋友問。

這位想離職的伙伴是他的同學。

「是啊！如果那麼不開心，幹嘛還待在那裡？」他的妹妹搭腔。

「其實我早就想走，也一直在物色其他工作，還去了幾個面試，但都感覺不太理想，而且我有個獵人頭（headhunter）公司的朋友說，因為我之前換工作太頻繁，現在的工作好不容易終於待滿兩年，有可能的話就再待個一兩年，這樣以後換工作履歷表會比較好看。」想離職卻不走的女生回答。

「那……這就是妳的選擇了，但我們還得一直聽妳抱怨耶！」朋友淘氣地雙手一攤聳聳肩，接著看了我一眼。「剛好 Irene 在這裡，不然妳以後心情鬱卒就找 Irene 來給妳身心療癒好了！」朋友半開玩笑地建議她。

「歡迎歡迎！」我立馬應允。大家笑成一團。

我後來才知道，這場地的主人是朋友相熟的一對夫婦，因為對原本的工作有些想法，加上接觸身心靈課程之後深有體悟，於是毅然辭職開設了這間身心靈中心。

去還留？端看你要的是什麼

我的另一位朋友常在臉書抱怨自己的工作，但和上述想離職卻沒走的女生不同的是，這位朋友為了支持自己的理想，很早就辭去了他認為條件及薪資皆不合理的全職工作，在家持續創作自己的作品。但畢竟在本土走藝術這條路相當坎坷，而且他雖然上有兄姊，卻也得幫忙分攤家中其他負擔，為了兼顧兩者，他就得找短期或時間較為彈性的工作來支持生活所需，因此他找的大多是服務業的工作。

如同各行各業般，勞資雙方有時對於工作上的一些狀況認知不同，而服務業又常有機會遇到「臺灣鯛」，因此臉書就成了他發洩心中怨氣的好所在；而且我發現，短期工作當然是時限到了就結束，但非短期的排班工作，他經常就是做沒多久就走人。這位朋友是個有話直說的人，也還好他從來不加同事和主管的臉書，這樣就可以盡情地抱怨工作。

我看朋友們的臉書貼文，按照慣例都會按「讚」表示我看過了，如果貼文所敘述的內容讓我感到訝異，我就會點選代表「驚訝」的那個表情符號。我朋友前陣子又發了一則抱怨文，原來他又想離開剛剛做不久的店面工作，這次我看完是按「難過」，也就是流下一滴眼淚的那個表情符號，因為我理解他堅持理想的辛苦，點完之後就繼續往下看留言。這些留言多半是表達同情與支持，有一兩則是留言者簡短分享自己的職場踩雷經驗，然後有一則比較長的留言引起了我的注意，因為它和任何其他的留言截然不同。

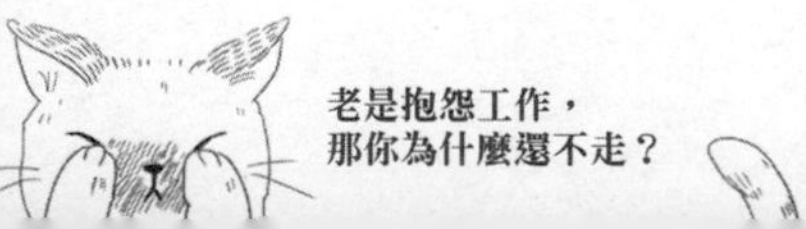

這段留言寫道，她很理解我朋友遇到奧客嗆聲心裡很嘔、老闆的處理方式也欠妥，但她感覺我朋友目前就是需要有些錢。雖然她心中也有和他一樣的想法，然而不同的是，她願意用自己的雙手去拚高一點的收入，即使很可能因此弄得一身髒，不過有點錢真的比較安心也更好做事。她又提到自己深怕造成別人的負擔，所以一直告訴自己要去做任何能做的事情掙錢；她知道這很累、真的很累，但她認為這才是自己活著的意義。

換句話說，這位留言者專注在「我需要錢、我得賺錢」的目標，即便對於工作上的遭遇感到荒謬與憤怒，但是正因為她「需要賺錢」，所以選擇咬著牙忍受自己看不慣的那些狀況，以便達成「賺到錢」的目標。

我後來沒再追後續留言，不確定我朋友是否有再回應，不過我倒挺佩服這位留言者的務實。想一想，我在她那個年齡，都還沒這等悟性與修為呢！

走筆至此，各位讀者可能想知道我那群朋友的後續發展。

我們這個草草成軍的幼教研發團隊，如同許多一時興起就嗨起來的聚會般總是三分鐘熱度，漸漸地就越來越少人參與，最後當然又是不了了之。

我朋友兄妹倆依然守著自己的工作崗位，他的老友倒是成立臉書社團分享自己在幼兒園的工作經驗、熱心答覆家長詢問，然後舉辦免費講座和家庭野餐，慢慢累積人氣及知名度，後來還發展成親職座談、收費諮詢及駐點解答，甚至應邀到企業演講，還出了一本育兒的書，原本的工作當然早就不做了，算是成功行銷與轉型的案例。而朋友的同學原本就鮮少出現，未知後續如何，只能祝福她工作順利；至於那間身心靈中心，後來聽我朋友說由於收支難以平衡，那對夫妻就把它收掉，雙雙重返職場。

其實這樣的結果並不令人意外。許多人一旦接觸身心靈課程，在有所體悟、感動之後，再看著自己的老師能因此雲遊各地授課，完全可以自己安排時間，又有一幫死忠鐵粉跟隨與擁戴，既自由又豐盛，真是好棒棒！若有旁人推波助瀾，或早已對本身的工作有所不滿，就很容易受到所謂的「靈性感召」起而效尤，殊不知成立教室並非有課程、有網站、有廣告、從此以後坐在那兒高唱「哈利路亞」就會有學生來，或就能成為紅牌。

創業，除了要有專業知識與技能之外，溝通能力、經營管理能力、行銷企劃能力、公關能力、創意、口條、人脈和機緣更是缺一不可！若你已經是名人，那當然一呼百應，不然就得尋求及整合各項資源，否則半年不到就能夠輕易燒掉幾十萬。這類實際案例我已見聞許多，我身邊就不乏有此慘痛經驗的人。

其實，身心靈的修煉並不是人人都必須成為身心靈導師，而是將得自這類課程的領悟帶進日常生活和工作中，在行住坐臥、應對進退及待人處事之間時刻提醒自己，並懂得運用所學調節情緒、明辨事理及提升靈性層次，如此一來無論自己是在什麼樣的工作崗位，都可以「活出」身心靈課程中所教導的「精神」。

對於是要離開或續留在一份不滿意的工作，端視您對這份工作的態度與看法。如果計畫在目前的職場長期發展、或是想學的東西尚未學好學滿，那就得繼續忍耐並且調整自己的心態；若在此工作只是為了過個水當作跳板，那就不妨騎驢找馬、伺機而動，等更好的

工作機會到手就果斷離開。

你也經常抱怨工作嗎？心中對於去留甚是糾結，卻依然如如不動待在原處？建議你參考我這位朋友的臉書智慧語錄：「若沒有說走就走的實力，那麼就請收一收自己的玻璃心，先證明自己的價值。」你會發覺這務實的觀點相當受用。

身心舒活帖

● 開發心道路

面對一成不變或心懷怨懟的工作，難免令人感到疲憊和厭倦。如果「走人」並非現階段的選項，那麼該如何調適自己的心情呢？

有些人會由**調整自己的外觀**著手，例如，每天都換上不同風格的衣服，藉由服裝打扮來讓自己的心情更美麗。我有位朋友就經常刻意兩腳穿不同顏色的鞋襪，身上的衣服和配飾也總是色彩鮮艷，這就能讓她非常開心（她很熱愛工作就是了）。

然而，有許多工作並不適合這麼打扮，甚至規定要穿制服，那麼這時候又該怎麼辦呢？

無論您是開車、搭乘大眾運輸工具或步行上班，都可以試試這個方法：**每週走一條新路。**如果您擔心上班遲到、而下班時間又不是太晚，就不妨在下班的時候進行，嘗試一條您之前沒有走過的路，反正現在手機導航很方便，雖然有時並非百分之百精準，卻是出門在外最即時與便捷的路線導覽。如果您對於新的路線及自己的方向感沒把握，或沒有吃到飽的手機網路，就可以只選一小段路程進行調整，例如，原本都在第一個巷口轉出去走大路，就換成到第二、第三個巷口再轉，這樣您依舊維持了主要路線，只是在過程中稍作變化。如果您下班已經很晚了，就利用週末假日開發不同的散步路線。

像我是搭捷運，以往都走直直的大馬路到捷運站，後來有天心血來潮去走母校國小後門那條路，這在當年是每天放學回家的必經之路，從這走到捷運站的途中會經過一座我唸國小時還沒有的公園，可以邊走邊欣賞裡面的花草樹木，我有時見到花兒盛開還會拍照上傳，一天的心情就變得美麗許多，從此我就大多走這條路。

走新的路也會有新的發現，例如，新的店面、新的風景，甚至還會認識新朋友，或察覺到以往未曾注意、卻一直就存在的事物或景象，這會為我們帶來驚喜，也讓我們更珍惜自己所擁有的一切，您不妨也試一試哦！

Unit 2 別輕易隨著流言起舞

人到中年，我身邊已婚的五、六年級朋友們，如果是二十五到三十歲之前就結婚生孩子，他們的孩子現在都大了，不是在唸大學、研究所就是已經成為社會新鮮人，也正因為才剛出社會，有些孩子尚在適應職場生態，對於工作中的人際關係也不時感到疑惑。

的確，辦公室可不像教室那麼單純，因此在職場上更需要謹言慎行，不像在學生時代能輕易向閨密、同學傾吐心聲。

「我女兒兩個多月前找到工作。有一天吃晚餐的時候，我按照慣例問她今天在公司過得如何？結果她就說了一件令她很困惑的事情。」朋友A提到。

這位朋友和孩子們的感情非常好，常在聚會時秀手機中的全家大合照給我們看，也經常在臉書放生活照，因此這些年來他的孩子們唸高中、上大學、參加學校的活動比賽和畢業等生活事件，我們都一清二楚。

關於讓他女兒覺得困惑的那件事，是她在辦公室茶水間要裝熱水時，看到隔壁影印室有兩位同事正在交談，無意間聽到她們批評另一位同事。

「那位同事還不就是靠關係進來的，她的提案都順利通過，還不是因為上頭有人罩；表面上積極努力，說穿了只是在老闆面前賣乖，想藉此加速自己的升遷……」

有鑑於自己只是個菜鳥，朋友的女兒倒完水之後就速速離開，並沒有讓這兩人發現她就在隔壁。

「過了幾天，其中一位跑來找她主管投訴她們批評的那位同事。」朋友A說道。

「這很平常啊！人又不只是會跟老師打小報告。」這是我的回應。

「是沒錯，但我女兒前幾天卻看到包括她主管在內的這些人和被批評的那位同事有說有笑，讓她覺得很噁心，難道是裝作沒講過那人的壞話嗎？」朋友A解釋。

「唉啊，你女兒太單純了啦！」朋友B馬上接口。「上班就是在演戲，大家說的是臺詞，誰會說真心話啊？我也曾經被同事中傷過。」

「同事之間的八卦聽聽就好，尤其你女兒是新進人員，還是少說話多觀察。」朋友C建議。

「我也這麼跟我女兒說，但她的心情就開始受到影響，」朋友A繼續。「她上班變得很緊張，深怕一個不小心得罪同事，又有這樣的主管，以後該如何是好？」

「越緊張越容易出錯，」朋友B提醒著，「其實你女兒當時的反應不錯，就自己默默離開。以後還是平常心，少說話多做事，別跟著起鬨，好好觀察辦公室生態，久了自然就會習慣。」

辦公室的流言蜚語確實會影響上班情緒，而參透職場人際關係的許多眉角，在很多時候似乎比工作實力還來得重要。

危機就是轉機

我的朋友B任職於一間頗具規模的民營機構，在此之前她都在中小企業，進了這家公司之後也花了一番心力適應新環境。

她當時是到一個新成立的單位，就只有主管和她兩人，而那位主管是從其他部門調過來的，也還在熟悉新的業務，因此除了例行事務之外，她也經常需要找資料製作簡報以供主管開會時報告用。

「我那時候等於是換到另一個產業，又是生平第一次進大公司，除了要適應企業文化，還得處理繁瑣的文書工作，因為剛開始手腳不夠快，所以常被主管嫌東嫌西的，」朋友B回憶著。「兩年後部門擴編，我們部門就多了一個人，她似乎很懂得和上司打交道，進來沒多久就常看到她和主管有說有笑，後來發現她很會討好主管，但我沒這本事……我無論怎麼努力去做，主管對我還是百般挑剔，但我同事卻可以涼涼的不做什麼事。」

在我的眼中，朋友B是一位非常認真、對自己要求很高的人，可以為了製作她心目中的完美簡報而熬夜，即使她大可不必做到這樣。那段日子想必很不好過吧？

「有一次我同事做的一份文件被主管發現有個錯誤，她就說是看了我給的資料去寫的。當時主管只是淡淡地要她改一下，講完之後卻馬上來找我，然後就說我比較資深為什麼還這麼大意？」朋友B接著說。

「那妳當時怎麼回答？」朋友A問。

「我那時候正在抓帳，被數字搞得頭昏眼花，根本反應不過來，就只有說以後會更注意，好在他趕著去開會就沒再唸我，但是我心裡其實是很不爽的！我後來才想起來之前有

把資料更新再寄給她，我也開信箱確認了，她可能忘了存檔就直接看舊資料。」

「妳幹嘛這麼好心幫她找資料啊？」我不解。

「是我主管要我找的啊！有什麼辦法……」朋友B無奈地說。

「妳同事會不會覺得妳對她來說是個威脅，所以才把責任推給妳？」一直仔細聆聽的朋友C這時開口了。

「有可能……但我當時忙得要命，哪有心思想到這個？其實我原本很想去找她理論，但是發洩完之後呢？」朋友B反問。「如果我隨著她的言論起舞，主管可能會覺得我的情緒管理有問題，況且她如果又藉機去說我的壞話，恐怕對我更不利，就只好先冷處理。」

唉！做事認真但嘴巴不甜的人，有時真的比較吃虧。

朋友B表示自己從那時起就更加小心，而且有請教工作資歷更久的朋友該如何面對這種狀況，並且接受建議在和主管互動當中適時感謝他的指導，慢慢地主管對她的挑剔就較以往來得少了。

「後來有一次晨會，大老闆說我們單位的一個專案做得很好，要我主管上臺說幾句話，結果他講一講居然謝謝我，讓我大吃一驚！」朋友B笑著說。

之後，她有時候還是會被主管唸，但情況相較於以往已有改善。至於那位栽贓的同事，朋友後來發覺對方只是半桶水，就認為沒有必要再和她一般見識，只要保持警覺避免自己再度遭殃即可。

「本來我經常會因為她而感到不滿、讓自己很生氣，但是跟她相處久了，就發現有些人和事情是很難改變的，唯一可以改變的就只有自己的心態。既然我不擅長勾心鬥角，那就還是做好我該做的，也和有業務往來的其他部門同事保持良好互動，免得被誤會是難相處的人，再找方法調適自己的心情。人在屋簷下，就是要這樣囉！」朋友為這件事做了一個漂亮的ENDING。

謠言止於智者？

中國的騰訊．大渝網2009年10月28日一則名為〈辦公室流言可畏，明明去切闌尾同事卻說去打胎〉的社會新聞披露，一名女子進入廣告公司工作之後，因深受一位男同事的照顧，雙方很快就成為一對情侶。這段戀情隨後就在辦公室傳開了，這名女子卻發現男友兼同事開始疏遠她，原來他不願公開兩人之間的關係，雙方也為了此事大鬧彆扭，最後

協議和平分手。

這名女子原以為事情就此告一段落，豈料在四個月後竟引爆流言。

該年九月，這名女子因腹部異常疼痛就醫檢查。主治外科醫師在接受訪問時表示，當時查出她罹患急性闌尾炎，須立即做切除，於是就動了手術。手術很成功，術後恢復也相當良好，她休息兩週之後就回去工作，卻發現辦公室的氣氛有異，同事們的態度不但怪怪的，甚至有人在她背後指指點點，讓她感到非常納悶。

後來她的閨密同事告訴她，原來公司流傳她是因為在外「劈腿」才與男同事分手，而她這次是去做人工流產，並非割闌尾；更有人說她是因為與劈腿的對象有了孩子，才導致辦公室戀情告吹。

她對此事感到非常無奈，閨密則為她叫屈，並建議她在不經意間出示自己的手術證明，但她卻擔心在此刻這麼做，同事們非但不會相信，還可能懷疑她作假。她的前男友不願對此多作説明，只表示兩人分手並非像同事們説的那樣；另一位同事則表示事情鬧得再大也終將平息，目前無論她説什麼都很難讓人相信，只要行得正、坐得穩，時間一久大家自然也就淡忘了，屆時再不經意地拿出自己的手術證明，謠言就不攻自破；有網友則認為她的前男友應該出面澄清、還她清白，而不是選擇緘默。

這篇報導的最後也提到幾項因應措施，我後來就拿這些和前述三位朋友討論。他們一致肯定該名女子未表現出強烈的情緒反應，但對於如何處理則看法不一：

朋友B贊同「時間會證明一切」的做法，先冷處理等事過境遷再拿出證據不遲；朋友A卻覺得她應該主動出擊，設法尋求主管、閨密及多數同事的理解與支持，畢竟獨自面對流言容易讓自己被孤立；一向深思熟慮的朋友C則認為除了採取主動之外，最好也回想一下自己是否曾經不當處理事情或無意間得罪同事，導致有人造謠生事？若有，就當面溝通致歉以取得諒解，好平息流言。

每個工作場域的生態及共事者各不相同，而當事人選擇如何反應，也與其本身的個性、積極度，以及對這份工作所抱持的態度有關，很難說哪種作法才是絕對正確。

我個人是覺得在**面對流言時，應該讓自己保持冷靜，因深陷強烈負面情緒極易失去理性思考和判斷，更容易做出不當行為，反倒落入造謠者的圈套。若是因為自己做了什麼而招致流言，可以先回想一下自己的初心為何？如果真的是坦坦蕩蕩、心安理得，那就只是別人在發表己見，無須太在意。**

值得一提的是，案例中遭流言困擾的女子剛好有位閨密同事，但到底適不適合把同事當麻吉？這問題的答案或許見仁見智，也和每個人本身的經驗有關，像我自己就曾擁有大可放心一起吐槽、甚至不吝分析辦公室的爾虞我詐，以及傳授撇步應付難搞上司的好同事；但也遇過沒事就盯著你的電腦螢幕看，一旦發現非公務所需的內容就找機會跟主管打小報告的同仁，所以真的很難說。

我很幸運自己一路走來，大多是遇到好的同事及合作伙伴，然而根據我所讀過關於職場議題的文章，大多是**不建議把同事當朋友，因為知人知面不知心，別人對你的好是出自真心或別有用心都很難講，所以如果向同事們抱怨，之後很可能怎麼死的都不知道。**

為了保護好自己，面對辦公室的耳語或傳言，除非經過自己當面證實，否則就別輕信，以免心情隨之起舞做出錯誤的判斷。面臨工作上的困擾，若屬事務性質當然大可請教同事，如果是情緒方面的宣洩，請直接找公司以外的人傾吐，以確保自身在職場的平安。

• 穩定情緒的關鍵處方

任務（The Mission）網站一篇標題為〈情緒穩定的三帖處方〉（3 Keys to Emotional Stability）的文章中，《驚人習慣力：做一下就好！微不足道的小習慣創造大奇蹟》（Mini Habits: Smaller Habits, Bigger Results）一書的作者史蒂芬・蓋斯（Stephen Guise）和網友們分享如何在壓力中保持情緒穩定。

他開宗明義表示，若我們情緒不穩定，日子保證很難過。他認為情緒穩定是確保生活品質的關鍵，情緒不穩就很容易感到沮喪，遇到挫折時也很快就崩潰。**我們通常都期待事情往好的方向發展，但難免天不從人願。對此，他提出了三帖處方：**

一、調整自己的心態：

專注於負面事件所帶來的正向機會，例如，若車子拋錨了，與其怨嘆自己怎麼這麼倒楣，倒不如想想全世界只有百分之十到二十的人口有車，而自己多麼幸運擁有一輛車，而且還可以修好！他又提到若摔跤腿骨折，就慶幸自己終於可以名正言順地窩在沙發上追劇，傷口總有一天會癒合的！如果伴侶跑了，就先慶祝自己重獲自由，然後期待下一位會更好。

看待一件事情的「視角」（觀點）有很多，人們通常傾向選擇最糟的那一個，因為負面事件容易扭曲我們的思維。若我們能夠考慮到其他的觀點，並對自己所擁有的心懷感激，例如，美滿的家庭、喜歡的工作或心愛的貓咪，即可扭轉情緒的負向循環。

二、檢視自己的期待：

人生猶如搭乘雲霄飛車，過程高低起伏，不會總是四平八穩。如果期望自己能預料生命中的一切，那可真是癡人說夢了！**當我們遇到不如意的事，何妨把它當成挑戰，而非難題。**隨時預備迎接挑戰，遭逢困境時就不致措手不及。

三、研擬行動計畫：

這本身就是一項反擊策略。**我們無法一直挨打還指望獲勝，要贏就得反擊！發動攻勢是我們迎接生命挑戰的最佳策略。**身處困境，心中難免感到恐懼脆弱，然而在我們採取行動的同時，就是在重建自信心與創造新的契機。

Unit 3 有了好身體，才有好薪情

多年以前我還是個上班族，當時社區大學的概念也才剛興起不久，喜歡學習的我，基於好奇而瀏覽幾所社區大學的網站，果然就發現自己很感興趣的幾門課。

社區大學的課大多安排在週間晚上，但是我想選修的課又剛好不在週五晚上，考慮到隔天還得上班，左挑右選就相中一門週三晚上的「助人技巧」課程。這門課教的是基本的諮商輔導理論與實務，因此除了聽講之外，在課程後期我們也有機會分組演練晤談技巧。當年就是這門課引起了我對助人工作的好奇。

我當時是在信義區工作，社區大學則在文山區，搭捷運去上課是很方便。但因為晚上九點四十分才下課，社大位於臺北市南區，我卻住在臺北市北區，所以即便有捷運可搭，但加上等車轉車和往來捷運站的腳程，一整趟下來還是很花時間，回到家中往往已超過晚上十一點半；梳洗完畢再弄一弄就差不多將近凌晨一點，而隔天早上六點多就要起床，總

共只有五小時左右的睡眠時間，而我又很需要睡眠，因此隔天上班會比較沒精神，不過可能因為當時還年輕，還不至於需要靠喝咖啡來提神，只要中午記得小睡片刻就好。

過了一陣子課程結束，因緣際會我就當上成人英語家教，利用週六上午走到家附近的學生家中授課。我當時覺得自己還蠻幸運的，不用跑個大老遠兼差賺外快，而且因為是週末上課，也不用像在社大上課時每週三下班後就得立刻趕路，在時間和路程上都輕鬆許多，最重要的是「還有錢賺」！

然而，人算不如天算，即使師生雙方合作愉快，但幾個月後我的學生卻收到公司通知要轉赴上海工作，所以這愉快的賺錢工作，才持續幾個月就結束了。

一向閒不下來的我，此刻就開始思考平日晚上兼差的可能性，心中想著只要家教學生沒有住得很遠又是捷運可到的地方，最遲晚上九點下課，這樣回到家還不到十點，應該就還好吧？經過網站搜尋、篩選、配對及面對面溝通之後，我果然有了一位新的成人英語家教學生，上課地點是在對方自己開的公司裡，距離我家不到十個捷運站，而且不用轉車，

既可兼差又能比在社大時還早回家，我不禁暗自慶幸。

人就是這樣，嘗到甜頭之後就想要更多。在兼差的全盛時期，我除了正職之外一共有三份兼職教學，其中兩份是家教，一份是體制外學校的兼任講師，授課對象都是成人，而我和幾位當時的學生到現在都還保持聯繫。

剛開始只覺得自己的生活真充實，下班之後不愁沒地方去，又可以賺外快，真是好棒棒！可是後來要處理的公事越來越多，有時甚至要加班，如果當天剛好要去兼差，就得加快速度處理公務，以免造成同事的負擔與抱怨，還得練就一身絕佳的「快閃」功夫，趁主管不注意時趕緊無聲無息地溜之大吉。說真的，閃人閃到後來還真累，但自己又什麼都想抓，於是就繼續疲於奔命。

接下來的發展或許正是天意：我感冒了。

起初只是打噴嚏流鼻水，後來喉嚨也有點癢癢的，然後鼻子好了就開始咳嗽，這一咳可就停不下來，雖然都有持續就診服藥，西醫中醫也都看過了，甚至連各種止咳偏方都做來試試，但情況卻依然未見好轉，時不時就狂咳一陣眼淚直流，感覺心臟都快要咳出來了，自己也因為一直無法好好休息、止咳而越來越沒精神。

這時，其中一位家教學生認為自己學的商用英文已經夠用，想轉而學日文，但我剛好不會日文，因此就不用再去給他上課，我這才稍微減輕了些負擔。這一咳就咳了四個多月，後來還是服用朋友推薦的某中藥行祖傳秘方川貝枇杷膏才慢慢好的。

這番折騰對我的體力可真是一大耗損，想想兼差賺的錢都拿來付醫藥費和補身體，品質好的中藥材又所費不貲，每次都好幾百或一兩千的給出去，長期下來究竟是賺到了什麼？

資深藥罐子

我的一個老朋友喬妍，早年任職外商公司行銷部門，後來轉換跑道進入公部門藝文單位，幾年之後又重回民間企業任職，從事廣告、行銷類的工作，後來透過熟人介紹進入一家中小型整合行銷公司擔任資深經理，工作性質偏向行銷公關，也算持續待在老本行深耕，而我們就是在這裡認識的。

我當時剛回國一年多，是在求職網站上找到這份工作的。上班第一天，在和我本身所屬團隊的主管及同仁打過招呼，以及安頓好辦公室座位之後，主管就先讓我看一些資料，暫時還沒有交派什麼事情。過了一會兒，另一個團隊的主管跑來找我，問我是否可以支援翻譯工作？我就請她先問我的主管，如果她同意就沒問題。結果我主管說可以，將一份新聞稿中翻英就成了我當天唯一的任務，而找我支援的這位主管就是喬妍。

我們倆的辦公區域分屬不同樓層，如果沒有特地去對方的樓層，一般來說是碰不到面的。巧的是，我們常因為公司內部會議而有機會見面，也由於彼此有共同的興趣，漸漸就成為很談得來的同事。開會時，喬妍的手邊總是放著一盒面紙，因為她經常感冒，動不動就打噴嚏流鼻水，身體的抵抗力似乎稍嫌薄弱，比較熟了之後才知道她原本就是虛寒體質，一累就容易感冒，偏偏整合行銷這行經常加班，我當然就再也沒時間像以前一樣下了班還去兼差。

記得有一次我去找她拿資料，走到她的辦公桌旁時，我的目光就被桌上好幾袋裝釘在一起的西藥給吸引住了。

「妳怎麼吃這麼多藥啊？」我望著那一袋袋綠白相間的膠囊問著。

「沒辦法啊！感冒一直沒好，等我下班醫院門診都結束了，只好請醫生開久一點的藥囉！」喬妍無奈地回答。

當時她桌上的藥量，相當於拿連續處方簽去領藥的那個量，看了真是怵目驚心！如果現在就得吃這麼多藥，以後年紀越來越大那還得了？

因為部門業務的關係，她經常需要在公司待到很晚，等美國那裡的上班時間到了，再和當地客戶進行線上會議，有時講到半夜才能下班回家，隔天也還是得上班，所以她乾脆

把自己的深色套裝和高跟鞋放在辦公室，在連續加班期間經常滿臉倦容、一身運動服就來上班，若要出去開會再換上套裝。她說有一次她和主管及同仁外出開會，會議結束之後，因為暈眩得太嚴重了，一踏出客戶公司大門，便立刻揮手叫計程車到醫院打點滴……好誇張啊！

後來，我和喬妍先後離開這家整合行銷公司，她離職之後整整休養了半年。

在這段期間，她和家人跟團到國外旅遊，回國之後陸續接了幾個案子，同時持續物色合適的工作，然後又因為朋友介紹進入一家頗具規模的傳統企業工作。通常如果從中小企業轉戰大型企業，在職稱上可能會稍微降級，例如，喬妍原本是資深經理，進了這家公司就變成副理，但她覺得大型企業至少比中小企業來得穩定，「而且我們幾乎不加班」，她特別強調。

喬妍到現在還在這家公司，也漸漸不再像在我們當同事的那段期間經常感冒，倒是會定期利用下班時間或週末去中醫診所報到，也長期吃中藥及靠食補調整體質。

有一段時間，每當我們聚餐她都會把附餐水果給我吃，原來她當時看的那位中醫告訴她不要吃水果，而且有好幾種蔬菜也最好別吃，因為這些蔬果很「涼」不利於她的虛寒體質，而那陣子我也有其他朋友和同事不吃水果，一問之下都是因為「中醫叫我不要吃」，我想他們應該都是看同一位中醫吧！

「妳這些年花了不少醫藥費吧？」有一天我問喬妍。

「唉，別再說了！」她長長地嘆了一口氣，「至少我現在已經不用常跑醫院看病，而是調理身體；我也儘量早點睡，畢竟我們都不是十多年前的身體了。」

沒錯，有道是「平日不養生，老來送錢給醫生」。

健康是一切之本

很多人在年輕時努力打拼，為了自己的前途全心投入工作，尤其是在包括臺灣在內的

幾個亞洲國家，超時工作早已是家常便飯，許多主管甚至會以加班頻率來評估部屬是否認真工作。在這樣的職場氛圍之下，許多人其實都是忍著來配合加班的，但也確實有人為了工作表現而情願加班，或是身處的行業原本就是常要超時工作。只是，長期操勞之下健康遲早會亮起紅燈，甚至有人在事業發達之際卻突然生病，這時真的就只能放下工作接受治療，等到病情穩定之後，才知道必須得調整工作型態，以免復發或繼續惡化。

創新工場執行長暨前谷歌（Google）大中華區總裁李開復，因罹患淋巴癌已於2013年九月返臺接受治療。根據中國新京報同年九月十一日的報導，李開復全身有二十多處腫瘤，罹患癌症的原因是作息不規律、長期熬夜與壓力過大。他透過視訊向公司同仁告別，並且在致員工的郵件中表示自己正遵醫囑治療，療程會延續一段時間，在醫師許可之下仍會參加一些電話會議和工作討論，但工作時間會比之前減少許多。同事們則勸他安心養病，暫時別再工作了。

李開復另外也提醒員工要加強體能訓練，千萬別以為年輕就可以透支自己的健康。他說如今回頭看，自己年輕的時候真的太大意，既不注重飲食又經常熬夜，而且幾乎沒有鍛鍛身體，等到身體出了狀況，才有機會重新審視健康的意義。他最後表示會記取教訓，好好調養身體，等恢復健康之後就會加入公司員工組織的每週徒步活動。

在職場中有許多因素助長加班的現象，有些因素是我們所無法掌握的，但還是可以在能力範圍之內儘量減輕自己的工作負擔，例如，前面提到喬妍找我支援翻譯，這就屬於其他主管交派的工作，遇到這種狀況就可以和我當時一樣，請對方直接與自己的直屬主管溝通；如果對方不願這麼做，自己就一定要請示直屬主管，然後由主管決定是由你或她／他自己告知對方是否可以支援，一方面尊重直屬主管，另一方面也可避免攬下非份內的事讓自己工作過量。

總之，有了好的身體，才能讓自己的心情和「薪」情皆大歡喜。

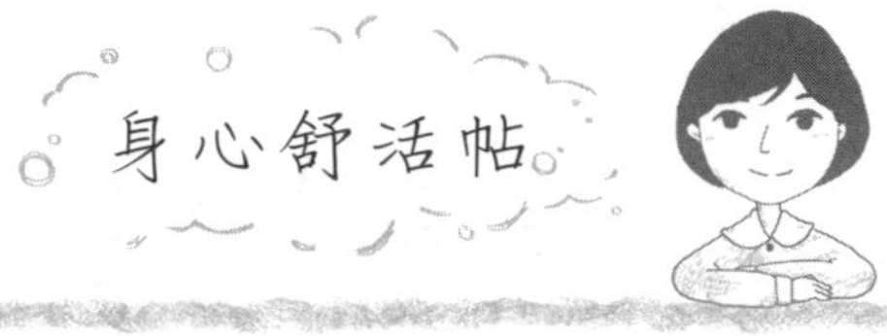

• 與身體連結

人在忙碌中，經常會忽略或壓抑自己的身體感受；透過簡易的**覺察練習**，就可以開啟通往身心內在的大門，讓我們都能更愛惜自己的身體：

一、**放鬆地坐在椅子上。**如果您坐的椅子有椅背，就可以把自己的背靠上去，讓背部沿著椅背輕鬆地伸直。

二、**請想像您的頭頂上有一條很細的線，慢慢將您的上半身提起來，**同時把自己的呼吸調整為比較深、比較慢；或許也可以想像這條線是從您的頭髮上，將您的身體慢慢地往上提，同時注意自己的呼吸，讓它慢慢變得平緩。

三、**接著就稍微感覺一下您的全身，可以從頭部開始，**好比我們擁有一臺內部掃描機來掃描自己的身體，然後感覺一下現在您身體的哪個地方最引起您的注意？比方說那個地方可能有點緊繃或疼痛，它就是和其他地方不一樣。

四、**找出身體感受最強烈的部位之後，就試著在吐氣時放鬆該部位，**讓痠痛或緊繃等不舒服隨著呼出來的氣一同釋放出來。

以上**練習非常簡短，不到兩分鐘的時間，**在捷運、公車上有位子坐或坐在餐廳裡等上菜的時候，就可以把握機會練習一下，以提高對自己身體的覺察，若有不舒服的地方就要更加關注，有需要的話請務必尋求專業協助。顧好身體，我們的路才能走得更久更遠。

讓我們透過覺察練習，
更愛惜自己的身體。

Unit 4 自己，才是獲利最高的投資

十多年前我利用暑期留職停薪期間前往加拿大卡加利（Calgary）進修舞蹈治療，當時因為順路就先到自己曾旅居數年的溫哥華（Vancouver）辦事。在搭飛機時，我和鄰座的一位臺灣媽媽相談甚歡，原來她之前也向服務單位申請留職停薪三年，陪伴兩個女兒在溫哥華坐滿三年移民監，接著每年與丈夫輪流赴加看女兒。我們當時從溫哥華的房價、景氣聊到吃素，然後她表示女兒有嚴重的鼻過敏，看遍中西醫都無法根治，而我自己當時也是一樣啊！

聊著聊著，我原本在心中暗自慶幸鼻病沒有發作，怎知當飛機快要降落機場時卻開始鼻塞，然後就猛打噴嚏流鼻水，只得速速戴上口罩，接下來除了通關之外一律「蒙面」示眾，只露出一雙烏溜溜的大眼睛看路。

就這樣蒙面持續了近三小時之後，我終於抵達溫哥華市區的青年旅社，安頓梳洗之後

就躺在硬板床上度過了鼻塞失眠夜。幸運的是，經過兩年多的飲食與作息調養，鼻過敏早已離我而去。

住宿期間的某天早晨，一陣陣刺耳的警鈴聲吵醒了我，接著就是一連串急促的敲門聲響。睡我下鋪的室友起身開門，只見一位工作人員站在門口催我們下樓疏散，剛才刺耳的聲響原來是火警鈴！我和室友們紛紛起身離開寢室，走進樓梯間就看到眾多年齡膚色體型各異的「聯合國」成員，於是大伙兒魚貫下樓疏散到青旅大門外的人行道上，每一個人都睡眼惺忪、還搞不清楚狀況的模樣。

不久又傳來一陣喔咿喔咿的聲音，抬頭一看兩輛消防車疾駛而來，停車後就有幾位消防隊員跳下來衝進旅社，其他人紛紛交頭接耳、竊竊私語，大家都想知道究竟發生了什麼事。

我一看手錶才早上六點多而已，過了一會兒消防隊員再度出現，表示這原來是假警報（false alarm）。這讓我想到當年在紐約唸書時，學校也不時接獲炸彈警告，經常課都還

沒上完就必須疏散到戶外，如果剛好是在冬季，站沒多久就會凍到心臟發抖相當難受；還好溫哥華當時是夏季，這城市因為緯度較高也不會太熱，因此這意外的「驚喜」（或驚嚇）也還算涼爽宜人，只是大家多少都受了些驚嚇。還好，只是虛驚一場。

在加拿大進修舞蹈治療課時，有一位教「動作分析」（Movement Analysis）的老師非常引起大家注意。

第一、一頭俐落短髮的她，不像其他老師一樣都會準備 CD 音樂，因為她不認為非得搭配音樂才能舞動身體（事實上也是如此）；第二、表達藝術治療課程的老師大多予人親切、感性的印象，而她雖然不至於很嚴肅但非常理性，給人的感覺就是相當幹練；第三、她是中年轉換職涯跑道，從一個毫不相干的領域轉入身心療癒的工作。

這位名叫 Sandra 的美國老師，年輕時原本在德州的石油公司工作，由於工作表現優異，年紀輕輕就成為公司高階主管。女性在她那個年代要晉升到這樣的職位相當不容易，尤其是在男性主導的行業。

Sandra 老師在三十歲那年，有一天回家，照例拿出鑰匙打開門口信箱，取出裡面的傳單和信件，進家門後先把這些文件往桌上一擺就去忙別的事情，忙完之後才坐下來一份份拆閱。她回憶當時看到一張現代舞課程的傳單，不知怎地竟然淚流滿面，這對於向來理性的她可真是頭一遭，即便自己根本說不出個所以然，她還是決定去學現代舞。這就是 Sandra 老師在「關鍵三十」的第一個意外驚喜。

學著學著，Sandra 老師就深為現代舞當中「自我表達」的本質所感動，一步步透過身體這個神聖的殿堂了解自己的內心世界，她接著就盡可能到書店及圖書館尋找舞蹈療癒方面的書籍和資料（那個年代還沒有網際網路啊各位），同時盡一切所能參與這方面的活動好進一步了解，後來就毅然辭掉高薪工作進修舞蹈治療和自體心理學（Self Psychology），重返校園成為舞蹈治療碩班學生。

「人近中年才重新當學生，真是一大挑戰，」Sandra 老師對我們說。「我的記憶力可不像年輕時那麼好，很多東西都是讀了又讀才記得起來，而且以前從來沒唸過心理學和

解剖學，確實需要很多時間和心血才能讀懂。」

我當時在心中暗自佩服她的決心，殊不知自己在四年後也同樣踏上中年轉業的旅程。

Sandra 老師接著說，雖然自己在石油公司工作的待遇不錯，也因此存了些錢，但一下子沒了頭路畢竟是很大的落差，不過日子還是得繼續過下去。為了兼顧學習並且更深入了解身體，她就先讓自己取得按摩治療師證照，因為做這行可以排班，時間上比較彈性，因此她就這麼半工半讀，畢業之後也持續擔任按摩師的工作。

任何一項新的領域在發展初期都比較艱辛，資源有限，也沒有太多人理解，因此拿到舞蹈治療師認證並不代表就能順利找到穩定的全職工作。無論是按摩治療師或舞蹈治療師，相較於 Sandra 老師原本的工作，在收入上的差距並不算小，她也慶幸自己因曾任職石油公司存了些錢，才能安心地投資自己、追求自己的理想。

後來她漸漸有更多機會從事舞蹈治療工作，接著一段奇妙的姻緣讓她從美國遷居澳洲，和夫婿一同定居澳洲首府坎培拉（Canberra），這是 Sandra 老師的第二個意外驚喜。

自此，她除了在學校任教之外，也在自己家中騰出一個區域做為舞蹈治療工作室，她的個案都由大門之外的另一個側門進入她的工作場域，藉以區隔工作與生活空間。

「我現在的收入比在石油公司少了三分之一，但是我並不在乎，」Sandra 老師笑著說。「我每天頂多接五位個案，晚上完全就是家庭時間，而且我能在自己的空間做自己熱愛的工作，可以自由調配時間，又有心愛的貓咪擔任協同治療師，這樣的生活已經讓我感到很滿足了。」

聽到 Sandra 老師滿足地說著目前的現狀，的確，能一邊做著自己喜歡的事，還能維持生計，真的令人羨慕呀！

累積自己的人生籌碼

我身邊有好幾位朋友、學生都和我一樣是中年轉業，每個人的際遇當然是大不相同，這也和轉到哪個行業有關。

我有一位學生當年為了擔任企業教練，即便身上沒有多少錢，卻下定決心出國進修

教練課程，過程中當然也遇到種種挫折與不如意，好在透過信仰及家人的支持走了過來，接著又經歷坎坷的創業時期和不足為外人道的歷程，但種種磨難都沒有打倒這個家庭，反而讓他們的感情更好。後來這位學生成為優秀的企業教練和企業主，孩子們也各個認真優秀，他也經常帶著妻子出國旅遊，感謝她這一路以來的親密陪伴與支持。

我還認識幾位原本從事金融業、科技業或在傳播界工作的朋友，都是由於因緣際會踏上助人的旅程；他們當中有的是從當義務張老師開始，有些則是從原本的工作退休之後，在四處學習之中發現自己真正的興趣，於是紛紛報考心理諮商所，在上課、實習、畢業及考取證照之後成為新科心理師，在實務工作中慢慢累積自身經驗，同時也持續接受專業督導；有人還因此做出了自己的特色與名氣，成為助人領域中炙手可熱的行動講師，如果剛好也懂得投資理財，那麼這輩子真的就不用愁了。

很多時候，大眾只看到人生勝利組在檯面上光鮮亮麗的一面，殊不知「臺上一分鐘，

臺下十年功」，所有的光彩都是經由長時間不斷的努力掙來的。另一方面，有位擔任國小教職的臉友曾發文指出，社會上其實有一群人是「因專業而貧窮」，原因包括該專業的薪資原本就不高、產業的市場規模相當侷限，或者這是一般社會大眾難以在短時間內理解的高度專業，但學習與精進此項專業卻所費不貲，因此這些人多少總得靠吃老本過日子，有時甚至要貸款、靠家人親友接濟或身兼數職，想盡辦法東拼西湊來養活自己。

以我本身而言，我做中英雙向口筆譯的時間就比身心工作還久，過去曾經翻譯過好幾本書，現在也不時有機會經手口筆譯案件。而在我認識的人當中，有些就是靠在各處跑課維生，由於是與機構合作開課，機構就會從課程收益中抽成，因此講師的實際收入並沒有那麼多，但好處是有合作單位「背書」及有專人代為包裝行銷課程和講師，相形之下就更容易推廣。

若是獨立作業的「個體戶」就很辛苦，在沒有知名度的情況下，就算在網路密集發文也經常是招生困難，往往必須靠口耳相傳慢慢累積口碑，甚至得兼差打工來支持自己的學習與實作，就算兼職所得相對微薄，但這至少是「可預期」的固定收入，相較於不知是否

開得成的課更穩定、也更令人心安。

翻開藝術史，在有生之年堅持理想卻無法成功的人，當屬荷蘭後印象派畫家梵谷（Vincent Willem van Gogh，1853-1890）最為人所知。他是許多人心目中瘋狂與不朽的傳奇藝術家，也是一位懷才不遇的悲劇人物，由於自身才華未獲賞識，他終其一生飽受身心的磨難，只能沒沒無聞地走完孤獨人生路。其生前只賣出一幅油畫及兩張素描，卻於過世後才逐漸受到重視，終於獲得應有的肯定與讚譽，畫作的價值也隨之水漲船高，在繪畫市場上屢創天價，最值錢的一幅畫售價高達八千多萬美元，在「史上最貴的十一幅畫」排行榜中名列第八。這，就是人生。

如果各位沒有像我的一位同儕，學成歸國就有家人帶著到處拜碼頭，從此只要坐在家中等著各政經教育醫療機構來邀課就好；或像我另一位同儕，有經營整合行銷公司的伴侶免費出主意做推廣，那麼就請認清社會現實：努力不一定會成功，要成功就必須努力。

我的一位朋友曾經説過，**我們能在這個社會取回的最大資源，就是「奮力做自己」。雖然世事難料，每個人本身的條件與手中握有的籌碼都不同，美好的機緣更是可遇不可求，但我們每個人最能夠掌握的，確實就是自己。**要成功，就一定得努力，筆者在此僅以華倫．巴菲特（Warren E. Buffet）的一句話與讀者朋友們共勉：

人生中沒有哪一項投資，會比投資自己更划算。

身心舒活帖

• 肯定自己的價值

根據上述實例，我們看到在投資自己的過程中，很可能會出現時間管理議題、鑽研新知的不易、工作和收入減少或中斷、遇到撞牆期、離鄉背井（例如，赴異地進修），甚至遭受他人的輕視與誤解，這些狀況都難以令人心情美麗；除了不斷鼓勵自己、尋求支持網絡之外，在此也分享兩則**「情緒急救」小撇步**：

一、我多年前由一位百分之百的門外漢進入身心工作領域，在學習與實踐的過程中經常撞牆，有時需要比別人花更多時間理解新的知識；而在場域實作方面也必須經常反思與調整作法，並尋求專業督導以看清自己的盲點並獲得改善。

成為一個領域的佼佼者是需要長年的經驗累積，很多時候也得靠機緣促成更上一層樓的契機，並非短時間就能讓自己手握所有的「好牌」。我在不斷反省、修正與歸零的過程中，也**不忘適時鼓勵自己**，例如，幾年前有位學生為了謝謝我，就把她在舞動冥想之後的手繪圖畫送給我，而我就把這張畫放在房間顯眼處時時提醒自己，即使這類工作時常近乎「做功德」，但我做的這件事依然是有價值的。

二、一位朋友兒時有段期間由於各種原因常感到不開心，而他當時和我小時候一樣有閱讀《讀者文摘》的習慣。他看過的其中一篇文章寫道：**每天刷牙洗臉照鏡子時就對自己微笑、說出自己的一項優點，然後再比一根大拇指給自己「讚」，這麼簡單就真能讓自己越來越容易快樂。**

他的另一種方法是：在心情不美麗的時候，可試著將雙眼閉起來，想像自己飛上了很高很高的天空向下望，以「局外人」的角度看著日常生活及工作場域中的自己，漸漸地就會找到最適合自己的應對與調適方式，假以時日就會像「我是馬克」（註）所說的：有天你會雲淡風輕地看待現在讓你覺得如同世界末日的這些事。

（註）引述「我是馬克」臉書粉絲團公開文，2018年3月6日。

chapter 5

自愛篇

Unit 1 好好釋放情緒，別再氣呼呼

從事身心整合工作多年，我的經驗告訴我，若**要維持身心靈的平衡安定，就必須用安全、健康的方式透過身體來疏通，諸如憤怒、哀傷、怨懟等負面情緒。**

我們對於自身際遇及周遭人事物的各種感受情緒，以及伴隨而來的情感張力或壓力，其實都會累積在身體裡，唯有將這些透過「身心靈大掃除」釋放出來，我們才得以更有能力（腦）、涵容力（心）及活力（身），面對及處理未來許多已知或未知事件所引發的情緒感受。

舞蹈／動作治療（Dance/Movement Therapy，簡稱 DMT）工作，讓我有幸能與不同的個人及團體一起探索身心的奧妙、引領他們搭起身心連結的橋樑，讓自己的身與心愈趨和諧一致。我在三年前開始接觸世界身心學三大學派之一的「費登奎斯方法」（Feldenkrais Method），這是以大腦的「神經可塑性」（neuroplasticity）為原理，探索和運用嶄新的

動作方式整合身心、提升自我覺察、自我意象及增進身體機能，以改善身心整體的運作功能與拓展更多的可能性，是一種身心的「再學習」。

舞蹈治療有著表達藝術的創意揮灑特質，但它並非舞蹈教學，而是引導參與者以身體動作表達與釋放內心感受和情緒；費登奎斯方法則很有結構與系統化，兩者相輔相成，更能深化內在探索與身心療癒的功效。

費登奎斯方法暨法國柔道協會的創始者摩謝．費登奎斯（Moshé Feldenkrais，1904-1984）本身是猶太裔的物理學博士，興趣廣泛且博學的他，除了自己的專業之外，對於哲學、心理學、解剖學、神經科學、兒童發展等領域也多有涉獵。

而他之所以會自創出這套系統，是源自於他年輕時因運動傷害致使膝蓋受傷，導致不良於行，幾乎得一輩子坐輪椅。手術治療的成功率僅五成，當時他拒絕動手術，靠著「自力救濟」讓自己從輪椅上站起來。

他仔細研究自己的動作和身心之間的關聯，並在自己的身上「人體實驗」了上百、上千種動作練習，多年的經驗累積，不但讓自己能再度正常行走，也成就了「費登奎斯方法」，幫助世界上許多人重新建構身心效能與自信。

我從 2016 年起參加在臺北舉行、為期四年的費登奎斯方法國際師資培訓課程，不但對於身體的骨骼結構更加了解，也在自己身上運用課程所學舒緩了多年的膝蓋不適，對於自身的起心動念也有了更敏銳的覺察，深感受益匪淺。

費登奎斯方法分為兩個部分：

1. 動中覺察（Awareness Through Movement，簡稱 ATM，可不是提款機喔！）：

通常是以團體課程形式呈現，但亦可個別進行。參與者依照老師的口語指引進行一系列的動作探索，在身體運作過程中細膩地覺察自身內、外在種種狀態及動作慣性模式，以喚醒及提升身心敏銳度，同時進行身體、心理、感官、知覺、情緒、思考、想像，甚至人生經歷等面向的洞察與整合。

2. 功能整合（Functional Integration，簡稱 FI）：採一對一的技法，以溫和、不強迫、不費力的碰觸，運用動覺與觸覺等非語言溝通，輔以口語，引導參與者察覺、探索自身的動作慣性及其根源，協助參與者在過程中經驗並找到最不費力與符合自己當下的動作模式，探尋舒緩身心、促進身體效能並激發潛力的各種可能性，提升身體形象與自我價值。

一直以來，我都想在自己的身心工作上結合舞蹈治療與費登奎斯方法，於是就在許多舞療課程或團體中將這兩者融合。

在某次的大學生舞動療癒課程中，我先是在暖身時帶一段「身體掃描」的動中覺察，讓大家在靜態躺姿的均勻呼吸與輕鬆的專注當中，從頭到腳掃描身體各部位當下的狀態。因我本身是舞療師，所以附帶邀請大家在掃描當中同時感受身體各處的狀態為他們帶來怎樣的內心感受。暖身之後的簡短分享中，多數人感覺到身體某些部位的痠和緊，我就引導他們將這樣的身體覺受與生活事件連結，找出兩者之間的關聯。

中場休息時間過後，我開始引導大家想像兩隻手如同兩條彩帶，可以往各個方向以不同的幅度、速度飄動；在原地動了一會兒之後就可以到處走動，結果才一會兒的時間，每個人就開始很自在地隨著輕柔的音樂全身動了起來，伸展手臂移動腳步，身體或開展延伸、或柔和蜿蜒，有時跳躍；有時滾動；有時漫步；動作質地、力量、方向和身體都很有變化。

我看著大家在這麼短的時間就進入狀況，進一步的口語引導反而多餘，於是我就退到一邊讓他們繼續各自發揮，這種發自內心、非模仿跟隨式的舞動，就是舞療的本質，每個人都很自在也都好美，我自己看了都覺得非常療癒。

舞了將近二十分鐘之後，我引導大家慢慢停下來，躺在地上放鬆全身，感覺當下的身心狀態，然後請大家用寫或畫的方式整理剛才的舞動歷程，有人很快就寫好；有人則是過了十分鐘還欲罷不能。

在課程結束前，我邀請大家自由分享可以分享的部分，同學們原本一陣沉默，稍後有一位同學舉手、簡短介紹自己的畫，接著又陸續有其他同學發言。有人覺得舞動中感覺陽光灑在身上很溫暖舒服；有人覺得這樣舞動非常自在；有位同學很可愛地把各個姿勢畫出來還配圖說明，最後寫著「找到自己的style很棒！」；還有一位同學則是全用畫的，她的畫讓我感覺既有深度又飛揚，而且她在休息時間還繼續畫，並且表示下週就會畫好。

接著，又有一位同學舉手想分享。他雖然只在紙上寫了寥寥幾個字，但透過口語分享，道出了自己剛才的舞動歷程。「兩條彩帶」的意象讓他的腦海浮現出兒時在幼稚園玩彩帶，以及成長過程中和長輩相處的場景，但並非都是溫馨美好的時光；呈現出的那些畫面也包含家長對孩子的種種要求與責難。他當時沒敢當面反抗，每每只得關起房門暗自氣呼呼地摔東西發洩。

藉由這樣的課程，他驚訝地發現，沒有老師「帶動作」，自己竟然也可以跳起舞來，而且跳完之後心情很放鬆，以前都不知道舞動也可以紓壓。其實我在他們舞動時，有觀察到這位男同學，他一開始有些躊躇、不怎麼動，後來可能是看到同學們都在舞動，也想嘗

試看看，動著動著就漸漸自在放開來了。這就是團體可貴的地方。

同學們當中只有一位在高中時接觸過瑜珈，但都能在很精簡（因為不想讓過多的口語限制了大家的身體創意）的引導之下，自然地用身體動作表達自己、釋放情緒，跳出「自己的舞」，整個過程看在眼裡真的很開心也很感動。謝謝同學們，讓我看到你們的歡喜自在，也看到自己身心工作的價值。

沉重的偶像包袱

去年農曆春節前的一個晚上途經士林捷運站，看到對面的市集華燈初上，藍白相間的燈火在捷運高架軌道下散發成夢幻般的晶亮，而前端兩束自中央呈樹枝狀往左右兩旁弧線伸展的白色燈光，它的形狀則讓我聯想到人體背部左右對稱的「肩胛骨」（真是職業病，哈！），接著就想起了兩天之前的功能整合一對一體驗：

當我詢問A想在這次的功能整合體驗中探索什麼？A表示身體的一側接近腰的部分

在起身時會感到不適，但此處之前並未受過傷，而這輕微疼痛也並非來體驗這次課程的目的。此刻，我心中想著，要讓A體會由腳底經過腰部一路往上至頭頂的連結，於是簡短說明等一下的進行方式後，就請A躺在費登奎斯工作桌（類似按摩床）上，開始以輕柔的手觸方式來與A工作，透過觸覺及身體動覺讓骨骼肌肉之間的關聯更加清晰。

我在A的肩膀、腰、骨盆、膝、腳及頭部都有工作，並且彎腿讓A感受髖部收合時的不同角度及高度。

完畢後，A的腰部不適消失，肩膀整個鬆了。奇妙的是，當A起身站穩之後，與腰部原本不適處同一邊的那隻手，此刻竟自己微微地動了起來。A花了點時間感覺及確認是手自主性地動，稍後表示想動肩膀，我就鼓勵A讓身體自己動起來。A動了一會兒之後，便開始邊走邊動，他的臉部表情輕鬆了，呼吸也更順暢。這對A來說是全新體驗，而且感覺功能整合不像按摩是比較「強加」在身上，反而在過程中感受到一股溫柔的關心。

A說自己因為職場與日常生活中所扮演的各種角色，必須時時「擺出一個樣子」，身

體和心並不自由，也因此而有些情緒，但礙於那個「樣子」（形象）又必須將情緒隱藏。我當時心想，身心本為一體的兩面，正因為習慣把負面情緒「藏好藏滿」、缺乏適時疏通，日子一久便會以身體症狀顯現。

一般來說，身體不適若經過生理檢查卻找不出原因，很可能就是心理因素所引起（心因性）。費登奎斯方法並非治療，而是由身體層面展開的「再學習」旅程，藉此引發自我探索的動機。A的狀況很值得持續探究。

謝謝A，容許我看到一個人打破身體的框架，重新找到身體的自由自在，疏通埋藏已久的負面情緒，也展開了屬於自身的探索之旅。

• 透過身體，解開負面情緒

我們可以如何排解強烈的負面情緒呢？接下來的練習，您可以獨自進行，或者如果覺得有需要，也可以請一位你信得過的人，例如，身心專業工作者或親近可靠保密的朋友，陪伴你走過這段歷程。

一、首先，找一個讓自己覺得安全舒適、不被打擾、能發出聲音而不會影響到別人的地方，所在的空間必須可以讓身體自由伸展、可四處走動，而且沒有障礙物，然後準備一個枕頭或靠墊放在觸手可及之處。

二、接著，找到身體的穩固根基（grounding），也就是讓自己穩穩地「紮根」在地上，但毋須刻意用力。

請把雙腳打開和肩膀一樣寬，兩隻腳是平行的，然後開始深呼吸。吸氣時請儘量吸得慢一點、深一點，讓吸進的空氣充滿自己的腹部。吐氣時雙膝微微彎曲，把氣完整地吐出來，身體的重量朝向地板，下一個吸氣時再把膝蓋伸直。請繼續這樣重複幾次，以自己舒適的節奏飽滿吸氣、徹底吐氣。

三、當你的吸氣吐氣達到一個規律的韻律、整個身體也站得很穩且不費力時，請放鬆下巴、臉和肩膀，脊椎是可以自然、有彈性地動著，讓這樣的流動貫

穿軀幹，同時維持與地板的連結。持續深呼吸，試著不費力地讓氣越吸越深。

四、當我們建立身體的穩固根基之後，就可以用身體動作和聲音將內心強烈的負面情緒「外化」出來。

現在，用雙手拿起稍早放在旁邊的枕頭，想著這個強烈的負面情緒，然後開始誇大自己的臉部表情，若有需要也可發出聲音。你可以用自己的速度抓、咬或拍打枕頭，同時感覺自己身體裡面的力量越來越明顯。

五、當準備好的時候，請用雙手把枕頭舉到頭部上方，背部微微向後彎曲，這樣就可以向彈弓一樣地把枕頭向前面下方的地板拋出去。把枕頭拋出去時，請發出「ㄏㄚˋ」的聲音把氣吐出來。如果你所在的空間比較小，可以把枕頭直接丟向沙發或床上。

在重複幾次之後，就可以嘗試其他的身體動作來抒發，例如，握拳捶枕頭、拿枕頭打沙發、地板或牆壁，或把枕頭放在地上然後在枕頭上跺腳等等。這時也可以嘗試發出別的聲音或說話，例如，「不要！」、「走開！」等等，讓這樣的情緒表達透過你的聲音、話語及動作釋放出來。

六、當你覺得情緒已經徹底釋放時，請再度把雙腳打開和肩膀一樣寬，兩隻腳平行，回到讓自己能夠安全站穩的姿勢及位置。雙膝先放鬆微微彎曲，然後開始緩緩深呼吸。吸氣時雙膝伸直，吐氣時膝蓋再微微彎曲，重複幾次，讓這樣的流動貫穿全身到達雙腿，強化自己與地板（大地）的連結。最後，感謝這個身體的情緒經驗，為你帶來保護、滋養與繼續前進的力量。

憤怒、哀傷、怨懟等負面情緒的外顯，通常都覆蓋著一股更深層的哀傷，所以在經歷情緒釋放之後，會打呵欠和（或）流淚是很正常的。你接下來可能需要輕輕搖擺自己的身體，如同兒時在搖籃或母親的懷中那樣，讓身心靈得到安適；也可能在情緒釋放之後感覺更有力量甚至極度喜悅，因為情緒抒發的管道被打開、暢通了。

無論是怎樣的狀況，若覺得有需要，接下來可以用自由繪畫書寫或錄音等方式整理剛才的歷程、感受和發現，若本身有靈修或信仰也可靜心默想或禱告。最後，感謝自己全然接納自我身心靈目前的存有狀態，並且得以用安全、健康的方式抒發情感。

如何排解負面情緒？
跟著老師一起練習吧！

Unit 2 每個人的處境不同，不用和別人比較

我在美國留學的那個年代，很多留學生畢業之後都很想留在當地，不過並不是每個人都待得下來，若非原本就剛好移民過去，或是以結婚或工作的方式取得居留，否則頂多再留一年進行所謂的實習（practical training），時間到了除非雇主肯正式僱用並協助辦理身分，不然通常都得乖乖收拾行李回到自己的國家。當時最容易留下來的就屬電腦科系畢業生，如果是唸別的科系，就真得碰運氣了。

不過呢，也有人畢業之後就想回到故鄉，其中有很大一部分是考量到父母的照顧。

我有位學妹因為表現良好，研究所的指導教授甚至都想替她介紹工作，但是她卻沒有考慮待在美國，而是選擇回到臺灣，回國後沒多久就找到理想的工作。

「不錯嘛！有人回國找了半年甚至更久，才找到理想的工作。」在一次郊外出遊中，我這麼跟她說。

學妹當年大學畢業後工作了幾年才出國進修，算已具備業界經驗，加上經常向老師們請教課業，畢業作品又相當亮眼，難怪教授都想留他下來。

「唉呦，我都不好意思說啦……是我爸認識那家公司的老闆！有天他們一起吃飯聊到我快回來了，伯父就說那要不要去他那裡工作？我就去面試啦！」

其實這種例子很多，畢竟華人社會靠關係喬事情比比皆是。如果自己本身優秀，再加上長輩的厚愛，那真的會省去許多尋尋覓覓的時間。

「學姊，我這根本不算什麼！跟我同年畢業的 Mike 更強。」學妹笑著說。

「是啊是啊，學姊我跟妳說，」原本走在後面的學弟一個箭步上前，走到我和學妹中間。

「Mike 的家人出錢給他開工作室，畢業就當老闆耶！」

「而且他後來還去學校教書，現在可是副教授呢！」學弟接著說。「這才叫有出息！」

原來如此。美國很強調職場經驗，尤其我們的科系是實務導向，業界人士擔任教職會更有優勢。於是乎，Mike 成功地留在美國成家立業，著實令不少人羨慕啊！

幾年前，一位透過臉書互動而認識的年輕人，有天發訊息想和我約見面聊聊。我們的工作性質算是類似，也因為她想要知道一些國內外進修的相關事項，所以表示想當面向我請益。我跟她說請益是不敢當啦，畢竟我從研究所畢業已經很多年了，美加那邊學校的狀況可能已經改變很多，倒是可以分享一些求學歷程與心得。

見面之後，我們先聊了聊彼此的工作內容和型態，發現有些共通之處：我們都算是獨立工作者，一路走來甘苦參半；有時是自行接案，有時是和別人合作開課或與機構配合辦課程。若是與機構配合，通常就是使用對方既有的空間，或由機構人員租借外面的場地；如果是我們個人要開課或辦團體，那就得另覓場地租用，畢竟不是人人的家都大到有多餘的空間容納家人以外的其他人。此時，這位年輕人提到了她所租借的其中一個場地。

「那裡離我家很近，對我來說很方便，有幾間小教室，還有地下室，空間很夠用，而且可以借那邊的童書在課堂上用，」她說著。「我是純粹租場地。如果是談合作，由他們那裡負責招生，那就看抽成比例怎麼談。」

獨立工作者若沒有自己的空間，常見的合作模式就這兩種。

後來再詳談，才知道她租的地方是一個類似藝術輔療的教室，有開設各式各樣的兒童課程。教室負責人也很年輕，原本在醫療機構工作，幾年之後在家人的贊助下設立了這間教室，她之前在醫院接觸過的一些家長，就把孩子給送過來了。

「有家人支持真好，她都不用到處跑！」年輕人語帶豔羨地說著。「哪像我們都得打游擊，跑來跑去找地方開課。」

同人不同命，沒得抱怨，誰叫我們沒有家人或人家的金援贊助呢？

運氣比努力重要？

喜歡看表演和展覽的我，自去年起接觸了一間很特別的藝廊。與其說它是藝廊，不如說它是個複合式的文創平臺，結合了展演空間、吧檯、辦公室、會議廳和才藝教室，每層樓的格局和布置也都很講究，時尚中不失典雅，有點像私人俱樂部，也看得出來這是大手

筆的裝潢，讓我每次去都很想打聽它的後臺老闆到底是誰，口袋一定很深。

到這裡參觀採預約制，而且還限制人數，在各梯次展期之前都會透過臉書等網路媒介公告展覽訊息，有興趣參觀的朋友們可上網填表選擇日期和時段，接著由專人聯繫與確認，到場之後會有工作人員接待引導。

我參加過幾次開幕茶會，包括知名人士的作品展，也有新秀藝術家的繪畫及裝置藝術展。這裡既然有吧檯，開幕茶會中自然就少不了紅酒或其他調酒，茶點通常也都精緻可口，數名工作人員穿梭在賓客之間，很是繽紛熱鬧。

以展演空間而言，除非是主辦方主動邀請，否則展演者就得支付檔期內的各項費用，如場租及水電費等等，就像去租教室開課一樣。以這個地方所在的地段、空間品質及設施，若要自掏腰包辦一場展，再加上文宣及開幕茶會的酒水點心，想必是一筆不小的費用吧！我想名人因為本身的人脈及知名度，大多就是受邀展出，就算是自費辦展也應該付得起這些費用。但是，新秀藝術家呢？

我所認識的更多創作者，都要隨時注意有沒有申請政府補助的機會，或者申請專案進駐某個藝術空間一陣子，有免費的辦公、創作、展示和（或）排練空間，若需要另租教室則支付優惠場租；也有些人是和咖啡廳、餐廳或書店談合作，在該處展售自己的作品，若有成交再和店家拆帳。

當然，也有免費的展演空間，但可遇不可求，通常會有比較多的限制，而且大多並非是永久性的。另外，合租小店面或勤跑各地的藝術市集，也是比較經濟實惠的曝光管道，只是若作品展售所得沒達到一定的金額，要支付這些費用其實是很吃力的。

同樣是年輕創作者，為什麼有人可以在高檔的藝術平臺辦展，一邊品著紅酒一邊和現場觀眾交流，而更多的人卻得風吹日曬地全省趴趴走趕藝術市集？藝術欣賞是很主觀的，在戶外市集攤位展售的作品，就一定比室內藝術平臺的作品差嗎？或許未必，但有一點可以確定：藝廊的作品，媒材經常是更加昂貴，體積也可以很大；換句話說，創作者要先有「本」負擔創作媒材，但是否可以在多久的時間內回收這些成本（即作品成交），常常就只能問蒼天了。

難怪，許多家長都不鼓勵孩子往藝術發展；當興趣無所謂，但是除非天賦異稟、才華超卓，否則要以此維生真的是太辛苦了。

遠見雜誌臉書粉絲團於今年 3 月 20 日發表了〈為什麼有些人富有？研究發現運氣比努力重要〉的報導。文中提到，貧富差距的狀況一直困擾著全球，經年累月也幾乎成了一個難以解決的嚴重問題。

法國知名經濟學家皮凱蒂（Thomas Piketty）在今年公布的《世界不平等報告》（World Inequality Report）中表示，貧富差距的現象持續加劇，世界上收入占全球排名前百分之十的人們所擁有的財富，超過全球人民總收入的一半。若此情況未獲改善，到了 2050 年，世界前百分之一的富人將擁有全球百分之四十的財富。

大量研究顯示，最富有的人通常並非最有才華且最優秀的人。那麼，到底是什麼決定了一個人是否富有？這機會真的比想像中還渺茫嗎？答案來自義大利卡塔尼亞大學（University of Catania, Italy）的一項研究：研究團隊打造了一個「才華」的電腦運算模組，以及用才華尋找機會的過程與方式，藉由這個演算法在過程中研究運氣對於人生所產生的影響。

在這項研究模組當中，系統是由N個人所組成，每個人都有一定的天賦，包括智力、技術、能力等，這些天賦通常分布在某個平均水準附近，會有些許標準偏差，因此有些人比一般人更有天賦，有些人沒那麼重要，但無論天賦較優或僅是普通都絕對沒有特別優秀。

系統模組透過長達四十年的工作壽命歷程，在最後統計每個人的發展與成就，個人若具備足夠的才華，在這段期間裡就會經歷幸運事件，然後可以運用這些事件來增加財富，但也同樣會遇到不幸事件，所以財富就會縮減。無論是幸運或不幸事件，都是隨機發生的。

在系統中的四十年之後，團隊透過財富排列個人排名，並研究最成功的特徵。

研究結果顯示，當他們按照財富排列個人時，分配比例和在現實社會中所見的完全相同，也就是說有百分之二十的人擁有社會上百分之八十的資本。倘若最富有的百分之二十是最有才華的人，或許並不令人覺得意外或感到不公平，但其實這百分之二十的人運氣分數最亮眼。這就代表，最富有的人即使具備一定程度的聰穎，卻並非最有天賦，而是「幸運程度」最高的一群人。

研究團隊於是指出，成功只是純粹的運氣，最成功的人就是最幸運的人，而比較不成功的人是因為他們的運氣相對欠佳。

比方說，若是出生在良好的家庭或運氣好中了樂透大獎，都比埋頭苦幹來得更有機會成為富翁。這真是殘酷的現實，但也確實是社會的真相與覺醒。所以，**與其一直汲汲營營為五斗米折腰，還不斷抱怨生活，總覺得跟錢過不去，倒不如換個角度去感受人生，轉換心態腳踏實地過日子。團隊最終表示，或許勤奮務實地追求夢想就是最幸福的一件事。**

每個人的條件和處境都不同，如果真的已經盡力還去人比人，那可就真不只會氣死人，況且也不會因此而變得更快樂更成功。「築夢踏實，有夢最美」，似乎就是卡塔尼亞大學研究團隊帶給我們的人生啟示。

• 幽默有益身心樂活

在過去，鼻過敏一直陪伴著我的成長歷程，而且隨著年齡增長，過敏的程度就越嚴重。

我在2004年六月遠赴加拿大卡加利（Calgary）進修舞蹈治療，抵達後隔天上課時，糾纏多年的鼻過敏又來報到。我那天早上出門還好好的，在教室門口簽到時卻開始感覺不對勁，不一會兒果然開始打噴嚏，鼻水彷彿由故障的水龍頭流出般無法停歇，真的相當難受。

回想那些年，鼻過敏實在是太鍾情於我了，雖然發作時有吃藥也曾打過針，

每個人的處境不同，
不用和別人比較

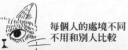

但藥物對我而言已漸漸失效，況且還令人極度嗜睡，嚴重影響整個人的精氣神。但一時之間也沒更好的對策，無奈只得繼續服藥並使出看家「堵」招，先用面紙塞住鼻子防堵，再戴上口罩遮住口鼻，因此引來老師和同學們的關注。

生性幽默的我也不忘苦中作樂，立刻對老師說：「I'm going to have a "nose dance",the latest dance on the block !」（我即將表演最新出品的「鼻子舞」！）這可把老師給逗樂了，而且讓她一路從門口笑到教室最底。在類似的狀況中，若能自娛娛人，也不失為正向的應對態度。

返臺之後，我經過大約兩年多的飲食作息調養，直到現在都不再有鼻過敏，真是萬幸！因此，平日注重身體健康和保養，加上適度的體能培養，對於我們的身心狀態都會有所幫助。

以舞蹈治療的觀點而言，身與心是緊緊相繫的一體兩面，其中一方面出了狀況，必定會對另一方面造成影響，所以真得好好照顧自己的身心。**另外，隨時保**

持心理上的彈性，也較能面對意料之外的狀況，平時不妨練習深呼吸（深深吸氣、慢慢吐氣），當感覺情緒上來時，別急著出言或行動，先給自己深呼吸的片刻，相信能使你的頭腦冷靜、情緒平衡，才有心力去面對與處理各種狀況。（註）

人算不如天算。世事難免盡如人意，如同天氣有陰晴也有風雨，畢竟我們個人對於諸如身家背景、社會環境、景氣循環及資源分配等因素，所能控制的非常有限。我們的教育一直鼓勵大家樂觀進取努力出頭不落人後，卻鮮少教導如何坦然面對挫折與失敗。

我有位老同學很看得開，每當家長之間聊到孩子的成績，他總是笑笑地說：「有了第二名，才能襯托第一名的優秀。」當然，要這麼豁達並非易事；我所認識的多數家長，都還是很關切孩子的學業表現，但這位老同學卻是藉由轉換心態而看到孩子在課業之外的亮點，而且他認為品德比成績更重要。

楊定一博士在 2009 年 9 月 27 日《元氣周報》的〈比較心是煩惱的開端〉

文中表示，無論面對的是順境或逆境，這都是每個人各自的人生。所有的人生困境皆由心境造成，想改變困境就得改變心境。

大環境的因素往往不是個人可以決定的，但只要願意適時調整心態，就能透過改變心境來改變環境。說當然比做容易；如果您願意，請接受這個邀請：每當感覺不怎麼開心時，先透過呼吸把自己穩住，抬頭看看藍藍的天，享受照耀在身上的溫暖陽光，想想讓自己開心或得意的事，更可以幽自己一默，藉此暢通活化身心動能，好讓我們能在人生的路上穩健前行。

註：摘自《女生，練習一個人旅行！》，姜愛玲／著，凱信企管，2016。

NOTE

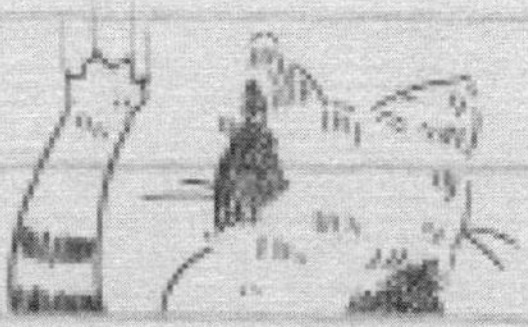

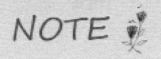

Unit 3 你是跟到上師，還是詐騙集團？

世界各地近年來持續發生的天災人禍，以及因氣候變遷、人為破壞所造成的天候異常與環境汙染等問題，早已讓社會瀰漫著一股惶惶不知所以的氛圍，而在忙碌與科技化的現代社會，人際互動也有了一番新的面貌，在許多時候經常就是「人與人之間最遠的距離，是我就坐在你面前，而你卻一直在滑手機」。人際關係疏離、景氣低迷、薪情欠佳、災害頻仍、因無法改變大環境而產生的無力感，再再使得現代人心靈空虛茫然，既孤單又無奈。

有些人在寂寞煩惱時，會找親密好友吐吐苦水，或直接在臉書、IG等社群網站發發牢騷；有些人內心苦悶時，會尋求專業協助進行心理諮商；但有更多人靠宗教信仰獲得心靈的慰藉，看看全臺各地香火鼎盛（雖然有些寺廟為了環保已不再燒香），各種宗教、靈修機構林立，以及琳瑯滿目、不斷推陳出新的各類身心靈課程便知。

尋求精神上的寄託，原本是人之常情。有一回，和朋友們聊天，談到現在做什麼最賺錢時，答案經常是「辦廟最賺」，有位朋友甚至曾當著老闆的面提議「真要賺錢乾脆直接蓋廟」。雖然這聽起來像玩笑話，但在人類心靈普遍空虛匱乏的當今，身心靈產業可真是一門好生意。話說回來，只要是正統正派的宗教信仰和靈性修持，都可以去了解和親近，但就如同其他產業，身心靈「市場」也難免「品牌」良莠不齊，還真得慎入。

令人瘋狂的靈修法門

許多年前我在大專院校學輔中心實習，因而有機會公出參加別校的學輔中心所舉辦的研習。在眾多課程當中，我永遠記得在新北市某大學舉辦的那一場，因為我在參加前就看過主講人的文章，也聽過幾位朋友提到他的大名，說他所提倡的新興靈修法帶來了多大的撫慰和幫助，堪稱是身心靈產業的明日之星，於是我既好奇又期待地參加了這場研習。

主講人是謙和有禮的專業人士，先是感謝主辦單位的邀請，接著謝謝大家來參加活動。他的授課內容和青少年心理照護有關，但課堂外的一幕至今仍留在我的腦海中……

我在上午場休息時走到教室外的庭院透透氣，在找到地方坐下之後，抬頭就看見一位學員去向他請益。我和他們之間有段距離，為了不打擾談話，我就待在原處沒去湊熱鬧。我隱約聽到了部分談話內容，令我印象深刻的卻是主講人專注誠懇的態度。

研習結束之後，我趁上網之便偶爾會順便搜尋這位主講人的資訊，還到圖書館借了相關書籍來看。後來聽說他設立的機構架網站了，我於是上網一探究竟，結果看到他們想在某縣市設置身心靈聚落，提供課程、靈修活動和住宿，加上為了推廣創辦人的理念，正在大量招募新血，但這並非一般的徵人啟事，而是如果加入他們又找了多少人來一同加入，幾個人發給多少獎勵，找越多人獎勵就越豐厚，如果找來的人又找了更多人，就可以持續領有獎勵云云，連樹狀圖都畫出來了。咦，這手法好熟悉啊，似乎在哪兒見過……。我不禁納悶，這到底是身心成長還是老鼠會？

我稍後正式踏入身心健康領域，也因此認識許多身心靈掛的朋友，其中一位堪稱上述主講人的超級鐵粉，經常去他的機構，非常積極向身邊的人推銷他的理念，也一直拉我去參加那裡的身心靈講座。因為已經看過網站，我早有心理準備，所以即便拗不過人情，我仍然依約赴會（姐沒在怕的）。

到場之後，看見教室裡滿滿的人，晚到者還得拿著墊子坐到講臺邊。我默默地找了一個角落坐下，看著好久不見、盤腿而坐的主講人，發現他的眼神有著一股難以形容的氣息，讓我感到不寒而慄。我禮貌地待到活動結束，從此再也沒踏進那兒。

如今，這位主講人早已是身心靈界的泰斗，臉書上時常可見臉友們轉貼他一篇篇贏得數百、甚至上千個「讚」與分享的粉絲團貼文，而我的朋友也依然熱血，甚至曾在我們合作帶領的社福機構團體中，直接宣揚該主講人所崇信的理念（我事先並不知情），事後引來主辦單位負責人的關切。這，是不是中毒太深了？

因為靈修所引發的社會新聞向來是鬧得沸沸揚揚，不但成了民眾茶餘飯後閒磕牙的好題材，有些藝人更是趁勝追擊發想出眾多搞笑橋段及團體遊戲，一時之間在網路瘋傳，儼

然成為閱聽大眾最佳的紓壓解憂開心果，這一兩年某位聲名大噪的靈性導師即為一例。我認識的一位博士級教授就曾經追隨這號人物，但因久未聯繫，所以不知教授是否仍追隨著他。但近期在一個課程裡，我卻從另一位老師的口中聽到了別人的親身經歷：

我的老師有個學員，是一位信仰虔誠的阿嬤，經常到廟裡燒香拜拜，在家中也誠心禮佛讀經，數十年如一日。阿嬤有位熱心的媳婦，不但對老人家熱心，對於她自身的信仰更是熱情，如此身心靈好康當然要分享給家人啊！於是，媳婦一有機會就向阿嬤推銷自己的師父，還說「既然都到廟裡了，不如也來看看我們的道場」。

阿嬤終於被媳婦說服作伙去道場。但其實阿嬤仍半信半疑，只是拗不過媳婦的熱情邀約，只得半推半就地隨著媳婦去到了那兒。阿嬤一進門，眼前滿是身穿紫衣的人們不停地膜拜，口中「師父！師父！」地唸唸有詞。這時媳婦就告訴她，靠近講臺的那幾排人都是捐了很多錢才可以站在那邊，而且捐得越多、離講臺越近。

阿嬤這輩子從沒見過這等陣仗，簡直就像進了靈修大觀園。她心中著實有些惶恐，但想到自己的媳婦也在場，看著信眾們如此激昂，說不定師父待會兒有什麼重大開示，因此心懷忐忑地待了下來。許久之後，傳說中的師父終於出現，引頸企盼的信眾們此刻的呼喊更加熱烈，只見身穿白衣、頸戴念珠項鍊的他不疾不徐地步上講臺，站定之後看了看臺下這一大群超級鐵粉，接著就說出了那經典的一字箴言：

「禪……！」

這時在我們上課的教室中，只見我的老師舉起雙手，邊說邊模仿那位師父，我們這群學生早就笑得東倒西歪了。

再回到事件現場。眼前的景象讓阿嬤一整個傻眼，真是太超現實了！師父一字箴言語畢，在場的信眾們、連同阿嬤的媳婦，簡直就是瘋狂到極點，「師父！師父！」地狂熱吶喊，猜想其盛況足可媲美搖滾巨星演唱會。接著，他又看了看臺下諸位信眾，然後不疾不徐地步下講臺、漸行漸遠，直到消失在阿嬤的眼前。

「她當時真的是嚇壞了，」我的老師一邊沏茶一邊笑著說道。「我就告訴她，以後還是到她的廟就好。」

如此戲劇化的場景可能非常令人噴飯且難以置信，但這組織的動員和洗腦功力著實驚

人。

兩三年前，我就曾在臺北街頭看到一大群穿著該組織制服的人在一棟大樓的入口旁大排長龍，走著走著就在鄰近的街區看到更多他們的同伴，一小群一小群井然有序地排著工整的隊伍，看起來都像是大專生，現場還有幾位穿著相同服裝的中年人指揮隊伍行進。

這位靈性導師所組成的宗派，後來就因各種負面新聞導致信徒大量流失，為了穩定收入，就以類似前述身心靈聚落的增員模式舉辦業績競賽，感覺上又是另一場直銷大會。儘管如此，仍有死忠信眾以兩輛價值四千萬元的勞斯萊斯供養他，而印度身心靈大師奧修生前也曾享門徒贈與天價勞斯萊斯的尊榮禮遇，這是否也顯示難怪就是有人很想進入身心靈產業成為名師，因為好處真的是多又多！

人外有人、天外有天，這位師父之上當然還有他的師父，而後者更是赫赫有名且深具爭議性，關於他的新聞也從來沒少過，包括與信眾的財務糾紛、投資失利，以及師徒兩人因詐財案而鬧翻等等，但擁戴他的人就和他的新聞一樣也從來沒少過。

儘管如此，他們的信眾當中仍不乏所謂的社會菁英及高級知識份子。像我認識一位長年追隨這位上師的忠實信徒，就曾在一項專業研習活動結束時派發上師所組政黨的入黨申請書，號召在場學員填資料繳黨費入黨，協助黨團運作與大選事宜。

有人或許會問，讀了這麼多書應該很明事理，不致誤入靈性歧途吧？

事實上，這和一個人的教育程度及社經地位並無正相關，高學歷的人也可能受騙上當。今年2月22日自由時報的一則社會新聞指出：一位矯正署警大博士女性高官為求感情而迷信「觀音心法」，聽信自稱是國外大學宗教博士的女性法師為她舉辦法會消災，與「男女和合術」來挽回男友的心，自2010年起投入一千九百餘萬元積蓄供養道場，甚至向地下錢莊借錢滾成四千多萬元鉅債還偽造文書，事後控告法師詐欺。桃園地檢署去年偵結，將法師予以不起訴處分，經原告聲請再議，高檢署遂發回桃檢繼續偵查。

那麼，為什麼有這麼多人如此渴望靈性導師指引，甚至因而失去理智？

「臺灣大部分的人都過著貧苦的生活，因此很容易受這種穩定人性的宗教迷惑」，一位進入某法門六年、去年投書《蘋果日報》質疑其協會未將財務流向透明化的婦女這樣表示。

看完這句話，我心想著這樣的貧苦其實也涵蓋心靈層面，即便擁有令人稱羨的優渥條件仍感匱乏，依然會失魂揹債栽在迷信上，導致觸法身敗名裂，到頭來真是一場空。

尤有甚者，根據聯合報去年3月27日的一篇報導，一名高職畢業的男子自稱師父，開設「心靈成長」講座課程，包括「三十天生命藍圖」、「達成夢想的七大關鍵」等等，教導學員如何實踐夢想、開發潛能、建立自信，並利用女學員對他的信仰及信任，兩度在汽車旅館內安排限女性參加的團體課程，不僅以「淨化身心」儀式為由在女學員私處滴蠟油，還將之帶開指姦和性侵，五位被害人中有一名正是國立大學研究所高材生，新北地檢署則依妨害性自主罪將他提起公訴。

跟不對人也可能送命！

今年2月23日三立新聞網的一則新聞指出，以佛舞傳法的某位大師因涉嫌於自開的「排解身心靈負面能量」課程中，強灌女信徒胃散和黑醋導致她休克身亡，他和兩名助理因此遭檢方依違反醫師法和過失致死等罪起訴。這三人於去年開庭審理時因當庭認罪而獲緩刑，並與死者家屬達成和解，事後還表示不會再跳佛舞、要退休「開始修身養性」。豈料時隔數月，他遭直擊不但外型大變，身旁還多了一位清秀佳人相伴晚餐及逛街，然而女信徒的寶貴生命，是再也回不來了。

其實不只在臺灣，世界各地因邪教所引發的社會案件一直層出不窮。

2013年12月5日由TVBS所發布的一則外電，就報導了國外的邪教問題，包括鄰近的日本在1995年發生奧姆真理教地鐵毒氣殺人事件，造成十三人死亡、高達六千人受傷。

最令舉世震驚的宗教案件，則是發生於1997年的美國天堂門（Heaven's Gate）事件，自稱為天門教派的三十九名信徒集體自殺，只因他們深信外星人會派太空船來接走他們的靈魂，所有的人都會在天堂裡獲得永生。

另外還有位於巴西、由兩女一男所組成的卡爾特教派，他們每年舉行的神秘儀式，竟然是吃人的屍體！巴西警方表示，兇嫌聲稱那些受害者根本就是「惡魔」，擁有惡魔的靈魂，因此必須將之吃掉，以減少世界人口與淨化自我靈魂。當時已有至少三名女性遭吃下肚，而兇嫌不僅自己吃，還把人肉包進義大利餡餅裡拿去鎮上賣。相當噁心且駭人聽聞吧！即便如此，在國際上仍然有為數不少的群眾，如同被集體催眠般對

延伸閱讀

《靈性歧路：揭露新時代靈修華麗糖衣下的誤用與陷阱》，羅伯特．奧古斯都．馬斯特斯博士（Robert Augustus Masters, PhD）／著，張琇雲／譯，一中心，2017。

這類荒謬、匪夷所思，甚至害人性命的教派深信不疑。

心性成長不總是甜蜜蜜

市面上有許多身心靈課程，以及曾經風靡一時的諸如《秘密》等新世紀書籍之所以大受歡迎，是因為它們總是裹著一層甜蜜的糖衣，充斥著溫暖而美妙的話語，並且經常勾勒出心靈與財富豐盛的願景，而授課老師也往往笑容可掬、柔聲細語，動不動就說「你好棒！」、「是的，心想就會事成！」等新世紀標準用語，親切貼心和藹正向又陽光，像是永遠無條件呵護著孩子的母親，而學員就在此溫馨甜美、舒適宜人的氛圍中，學習以充滿靈性的話術為自身處境解套，在靈性時尚伸展臺上樂此不疲地揮灑與消費。

這究竟是身心成長，還是自我催眠？

有個英文詞彙"growing pain"，意思是「成長的痛苦」，美國的一間電視臺多年前還以此為名拍攝電視劇，描述青少年成長過程中所遭遇的種種課題。誠然，**要獲得成長和成功，就必須努力與付出，而且多半會遇到困難，只因努力未必會成功，但不努力一定沒機會。**想想吳寶春師傅當年是花了多少時間心血早起、熬夜精進麵包製作技術，又經歷了多

少挫折、失敗與再實驗，加上自學苦修外語和專業知識，才贏得世界麵包冠軍？佛陀也不是吃香喝辣、有豪華名駒伺候而得道的，是吧？！

一位朋友曾提到，我們多數人所說的「慈悲」其實是「請善待我的自我」，但是這個「自我」往往就是我們自己最大的敵人；善待自我事實上並不慈悲。她接著引述邱陽創巴仁波切所言：「真正的慈悲，會讓你嚐到油炸屁股的滋味」，文末再以佛陀的一句話作結：「謊言起初是甜美的，但結果是苦澀的；真相起初是苦澀的，但結果是甜美的。」如果讀過《別急著吃棉花糖》這本暢銷書，應該就不難理解這兩位智者話中的意涵。

正派的宗教或靈修團體皆是隨喜奉獻，或許會有個參考值，但大多並無硬性規定價格，當然若是這些機構辦的課程可能會酌收學費，但金額通常都在合理範圍內。誇大不實的宣傳、金額過高的費用、以金錢換取名位、直銷式的增員手法、搞個人崇拜而非探討理義、似是而非模稜兩可的主張、信仰本身正當但精神領袖和（或）執行團隊偏離正軌、具威脅性的態度及言詞，甚至侵犯身心等非法行為，都是必須留意的警訊。

下回當您再接觸嶄新的身心成長、靈修或信仰流派時，請千萬記得帶上大腦以理性判斷：自己到底是跟對了上師，還是遇到詐騙集團？

• 心靜吐納精氣神

我們每個人都可以輕鬆地改善自己的呼吸品質，以平順的吐納穩定情緒、促進身心平衡與健康：

一、**放鬆，面向天花板平躺在床上或地上。**若有需要，可在身體與地板之間擺張墊子。躺下時請輕鬆地伸直雙腿或將雙腿弓起來，以您本身的舒適為主，接著閉上雙眼。

二、**將注意力集中在呼吸上，並確認自己是用橫隔膜呼吸，而非只把空氣淺吸入胸腔內。**舉起雙臂，然後將雙手枕在頭部下方，以穩住上胸腔所在的位置，接著讓您的橫隔膜隨著呼吸進入移動的狀態。

三、**完成所有的預備動作之後，就開始呼吸。**從鼻子吸氣，數到二，接著由鼻子或嘴巴緩慢且均勻地吐氣，數到三。

四、當吐氣完畢時，請停頓一下。您可自行決定要停頓多久的時間，這時所需要做的只是讓身體告訴您何時應該再吸氣。經過反覆練習之後，停頓的時間將逐漸延長。

五、在呼吸的同時，請留意身體上任何微小的變化：哪些部位在移動？哪些地方覺得緊？哪些部位根本沒在動？當您接收到身體所傳達出來的訊息時，可將一隻手放在那個引起您注意的部位，就會慢慢地感覺到該部位細微的起伏，因為均勻深緩的呼吸可增進深層的身心覺察，也會帶來新的活力與流動，滋養精神清晰頭腦。

六、繼續以這樣的方式放慢呼吸。每天練習十分鐘，就能改善呼吸品質。

請注意，這項呼吸練習的基本技巧為「徹底吐氣」。吸氣與吐氣之間的停頓越久，您所吸進的空氣也就越充足飽滿。最好能經常練習「徹底吐氣」，因為橫隔膜與腹肌是執行呼吸功能的重要身體部位，這個練習將強化這些部位的收縮，而胸腔與腹腔也可藉此機會自動伸展，提升您呼吸的深度。

七、在吸氣時想像自己的身體，包括全身的肌肉、骨骼、器官及神經，正在

逐漸擴大中，接著在吐氣時放鬆它們，於一吸一吐之間覺察身體擴張與放鬆時的每一道細緻變化。

八、習慣這樣的深度呼吸之後，可試著輕緩地搖擺身體，讓身心感受到輕盈擺動所帶來的祥和韻律。三至五分鐘之後，您可以慢慢停下來，讓心沈浸在整個過程的感受之中，無須思考、分析或評斷。（註）

學習心靜吐納，
穩定身心情緒。

註：摘自《心在跳舞：遇見舞蹈治療》，姜愛玲／著，億派國際，2012。

Unit 4 養兒未必能防老，單身更要規劃好

我有位認識多年的老友，長得娃娃臉，個性活潑開朗，心腸也很好，即便孩子們都已經步入社會，看起來依舊青春洋溢。她只有在工作時會略施脂粉，其他時間一律素顏，除了有幾根白頭髮之外，在她的臉上幾乎找不到歲月的痕跡，但她並沒有特別保養皮膚，更沒去打什麼玻尿酸，於是就有人問她保持青春的秘訣。

「很簡單啊！就是吃好睡飽多運動。」這是她的標準回答。

這位老友真的很愛運動，時常在住家附近散步或慢跑，有空也到郊外爬山健行，甚至報名參加馬拉松比賽，志在參加不在得獎。其實她以前並沒有特別好動，是最近幾年才養成規律運動的習慣。

「看到孩子們都這麼大了，就像是提醒自己年紀已經不小了。他們以前還在唸書的時候，會為了趕報告或準備考試熬夜，我都叫他們趕快去睡覺，但是想想我們以前不也是這樣嗎？」她又說道，「不過啊，我現在可沒那個體力了，每天晚上十二點以前一定要睡，不然隔天會很沒精神。」

沒錯，想當年我們還曾經聊天聊到通宵，隔天一早照樣上學去，如今可真沒辦法再這麼折騰了。

「所以我後來就開始運動。很多人愛去健身房，但我還是比較喜歡到戶外，可以曬曬太陽、看看花草樹木，比在室內邊踩跑步機邊看電視有趣多了，而且又不花錢！」她開心地笑著。

這位老友不單是自己樂活，她的母親也一樣。

她媽媽是退休教師，在那個還有十八趴可領、定存利率又高的年代，公務員是人人心目中的鐵飯碗，只要能夠量入為出，無須刻意理財就存得到錢，退休之後又按月領退休金，要安穩地度過晚年完全不成問題。

老友出身於基督徒家庭，她和媽媽一樣是虔誠的教友，有在各自的教會服事。她的父親早逝，母親自從退休之後就經常和鄰居或教友到處遊山玩水，今天到臺中，明天去花蓮，或和住附近的朋友聊聊天、唱唱歌，當然也常和兒孫們相聚出遊，簡單生活十分愜意。

「對啊，每次他們里長辦自強活動，我媽一定參加，所以去過不少地方，簡直比我還會跑。」老友這麼說。

我也參加過這類活動。我有位朋友剛好是里長，會在 Line 群組公布她即將舉辦的里民活動，邀請大家來捧場，即使不在同一個里也沒關係。有些活動是收費的，如果不是該里的里民，可能需要多繳個一兩百元，但也有原本就不收費的活動，例如，參訪政府機構就是全民免費。我在兩年多前就有跟著去參訪，還另外參加了他們的苗栗一日遊。

言歸正傳。老友的媽媽除了參加里民活動行遍全臺之外，有時也會為了另一個原因往外縣市跑。原來她有參與教會的關懷事工，除了就近探視住家周遭的年長、獨居或生病的教友之外，偶爾也會和同工結伴赴外縣市探訪，為病中的教友和他們的家人打打氣。

「我媽媽個性很獨立，雖然已經七十幾歲了但身體很好，可以自己一個人搭公車火車到處趴趴走，每天都忙得很，完全不用我們操心。」老友說著。「我覺得自己很幸運，不用像有些人必須守在病榻旁，甚至辭職照顧生病的父母。」

年邁的雙親身體硬朗，確實是做子女的福氣。

用愛陪伴不孤單

長者照顧長者，是近年來的趨勢。

我身邊也有些比較年長的同學或學生，無論是否有宗教信仰，都長期在安養機構擔任志工。他們大多是家庭主婦，也有少部分退休人士，有些則是和老友的母親一樣參與教會的關懷事工。我本身曾在這類機構帶過工作人員的在職訓練，也曾跟著牧師到安養院探望阿嬤阿公們。

「老師我跟妳說，妳上個禮拜教我們的練習，我隔天到安養院的時候就帶著一位老伯伯做了一小段，結果他告訴我說好舒服，而且他笑了，還跟我說謝謝。」有位比我年長的學生，在某次課程開始之前對我說。

學生能夠用心記住上課內容並學以致用，把安頓身心的方法分享給更多需要的人，學

得越多給出去的也就更多，這是一個正向循環。這個班級的學生大多比我年長，學習態度良好，這些方法不但提升了他們自己的身心覺察力、改善了睡眠品質，也讓他們所關懷的安養院長者們更舒適心安。

「老師妳知道嗎？這位老伯伯本來都悶悶的，時常皺著眉頭也不說話，我就特別注意到他，所以每次去安養院都會找他講話。」這位學生接著說。「後來我才知道，老伯伯的兒女都很忙，很少來看他，老伴也過世了，所以一直很不開心。」

「不過現在的孩子很辛苦，像我兒子每天很忙經常加班，他們公司前一陣子才縮編，不拚著點真的不行。還好現在有 Line 要連絡很方便，我都跟他說先把自己的身體顧好，太累的話就不用常回來，反正逢年過節一定見得到面，不過他每個月都還是會來看我和他爸爸。」另一位祖母級的學生說道。「孩子有他們自己的生活要顧，也很辛苦。」

的確，社會快速變遷，有些長者也該要跟著調整自己的觀念了。

這讓我憶起了在我父親生病、住院和剛過世的那一陣子，教會的牧師和弟兄姊妹們給予了很多協助，來到家裡和醫院探視陪伴，治喪事宜也多虧有他們熱心幫忙，讓我不致慌亂了手腳。牧師很單純善良，每週固定到安養院訪視關懷，和我一樣也是單身。

有一次在一同外出探訪的途中，牧師跟我提到了她曾經認識的一位姊妹，這位姊妹同樣是單身，退休之後就是一個人，她的雙親都已經不在了。她當時和牧師在教會之外也頻繁往來，談信仰及生活大小事。有一天，她很慎重地約牧師出來，為的是交代自己的身後事。

「我們那天一起去喝下午茶。她就跟我說，萬一有天她去見上帝，希望拜託我怎樣怎樣去幫她辦理後事。」牧師憶起當時的情景。

牧師向來關心會眾的大小事，經手的代禱事項和所接受的請託各式各樣，因此她當時並沒有覺得特別奇怪。怎知過了一陣子，這位姊妹真的生病了，成為牧師探病和代禱名單的其中一員。過了一年多，她就回天家了，牧師於是依照她之前的請託，逐一地把交代事項全部辦妥。

「她生病之前都還好好的，根本看不出有任何異狀，」牧師說道。「其實她只比我大幾歲而已。」

這讓我想起一位多年前因學舞而認識、與我同年同星座的朋友。她原本是伸展臺上的模特兒，學舞之前因為罹癌住院接受治療，好在當時是癌症零期，所以很快就把病情控制住。等她把身體養好之後就減少接案量，並且轉而拍攝平面媒體的照片。我們偶有聯繫，大多是從臉書得知彼此近況。後來她虔心向佛，定期忙著法會的事，極少上臉書，而我也因為家中之事勞心傷神，彼此逐漸疏於聯絡。

有天我趁著工作之間的空檔上臉書，看到這位朋友的作家姊姊發文，內容寫著她妹妹舊疾復發，經過了幾個月的住院治療，終究還是走了；朋友的姊姊感嘆生命的消逝，萬分遺憾與不捨。我當時真的是嚇傻了，她……已經不在了？不是癌症零期嗎？怎麼十多年後又復發了？根本還來不及說再見。

唉！明天和意外，真的不知哪個會先來。

未來，會一直來

「養兒防老」是華人根深柢固的觀念，即便是二十一世紀的當今，依然有許多朋友被長輩催婚；好不容易結了婚，就等著接受「早生貴子」的祝福，因為「這樣人生才會圓滿」。等到終於生孩子之後，就又會被問「什麼時候再生一個？兩個孩子好作伴」，簡直是沒完沒了。

時至今日，社會型態相較以往已經改變很多。媒體報導不時出現長者遭子女棄養的社會新聞，而許多文章也都提及五、六年級生是「照顧父母的最後一代，被子女拋棄的第一代」；這年頭養兒是否真能防老，實在很難說。

「盡孝道」是華人傳統文化中很重要的一項美德，但是在其他例如歐美等國，孩子上了大學就得搬出去自立門戶，並沒有「媽寶」這件事，而家長們也早早替自己規劃退休後的生活，時候一到，入住老人社區或安養院是很平常的事，每個人負責各自的人生，也難

怪英文當中並沒有「孝順」這個字眼。

其實不單是生活方式改變，工作型態也在轉變。

在同一間公司從一而終做到退休，似乎已經越來越困難，縮編裁員遣散之事時有所聞，無預警倒閉也不是沒有，導致有人因此陷入財務危機，衍生出各種始料未及的後果。有些人不想再為企業爆肝賣命，也許辭職返鄉務農或開民宿，或搖身一變成為自由接案的SOHO族，或者同時兼好幾份工作，也可能換成一種比較有彈性、可以做到八十歲的工作模式，而非讓身心腦在青壯時期燃燒殆盡於職場上。

另外，也有人是為了堅持理想，即使所得不豐、收入不穩，卻依然做著自己熱愛的志業。不同的生活與工作型態，需要不同的儲蓄理財及保險規劃，坊間有許多相關書籍、講座與課程，可多方參考比較，選擇最適合自己的配套。

越孤獨，越容易傷身，人際網絡也是迎向未來的重要一環。根據中時電子報健康專欄今年2月12日〈想要更長壽?研究：這九種習慣讓你活更久〉文中所述，包括擁**有信仰（未必是宗教）、多與大自然接觸、著重家庭生活和社會化等習慣，皆可促進精神層面的健康，有助於延年益壽。**

說到社會化，近年來有人提倡一種新的生活型態，就是集結志同道合的朋友們搬進同個社區、村落甚至同一棟樓，老來彼此互相照應，既不麻煩孩子（如果有的話）也讓自己有伴。

我們無法完全預知未來，但未來仍然會一直來。許多長輩或曾風光燦爛，然而當疾病來臨，也不得不向歲月低頭。功名利祿終將遠去，安頓身心方為要務。生病和養生皆非富人的專利；唯有「愛惜自己」才是人人都需要的專利。

身心舒活帖

• 預防失智要趁早

《康健雜誌》網站 2015 年 9 月 14 日一篇名為〈預防失智，這樣運動才有效！〉的文章，提到國內外的研究都指出，**有運動習慣的人比較不容易失智**。文中引述臺北榮總神經內科主治醫師王培寧所言，「運動是讓腦神經再生最有效的方式。神經再生代表退化得慢」。許多對於人體的研究則發現，運動後腦部分泌的神經滋養激素（簡稱 BDNF）濃度將增加，可促使腦部神經再生，即便是運動之後一小時，激素依然在分泌。

那麼，適合做哪些運動呢？

王培寧醫師建議**最好是稍有強度、可讓心跳加速並感覺有點喘的運動，維持大約半小時**。其實這就是可以強化肌（耐）力、提升大腦和心肺功能的「有氧運動」，例如在本書中的一個單元〈過度熱心，只會累死你自己〉文末的「越走越樂活」就提到了王醫師所推薦的「快走」，即是一項很不錯的選擇。

另外，也有研究發現，在諸多運動項目中，**「舞蹈」較能預防失智**，或許是由於比較複雜，需要熟記舞步和走位，手腳腦都必須協調，而且搭配音樂甚至有舞伴搭檔，既健身又健腦，還能促進人際互動。

北榮神經內科的林克能臨床心理師則**鼓勵大家游泳**。他自己本身一向有游泳的習慣，**體力和腦力因此都保持在最佳狀態，還可提高工作效率**，就算偶爾加班也沒問題。林心理師還強調培養興趣的重要性，因為他看到許多長者辛苦了大半輩子，好不容易可在晚年享享清福，卻沒有任何興趣或運動習慣，就一直在家看電視，看著看著就睡著了，如他所言「變成被電視看」。他擔心此種生活型態會讓人加速退化。

除了運動之外，養成良好的生活習慣也很重要，而且越早實行越好，因為許多疾病其實都是「生活習慣病」。2010年元旦出刊的《康健雜誌》第134期〈十五個不會失智的生活習慣〉一文告訴我們，改變生活型態永不嫌遲，只要從今日做起，就能夠修復昨日的損傷，並列舉以下免於失智的生活習慣，其中幾項的實作可參照本書其他篇章的「身心舒活帖」單元：

生活習慣	文章標題	身心舒活帖
健走	1-4 過度熱心， 只會累死你自己	越走越樂活
每週走一條新路	4-1 老是抱怨工作， 那你為什麼還不走	開發心道路
做家事	4-3 別輕易隨著流言起舞	護膝可以這樣做
深呼吸	5-3 你是跟到上師， 還是詐騙集團？	心靜吐納精氣神
其他生活習慣	細嚼慢嚥、多喝水、曬太陽、列清單、吃早餐、繫安全帶／戴安全帽、跟人笑笑打招呼、看電視少於一小時、吃葉酸和維生素 B12、吃香喝辣、用牙線	

親愛的讀者朋友們，這些習慣您目前做到了幾項呢？好好照顧自己，讓自己身心安適地走完人生道路，才是我們這輩子最重要的功課。

【後記】

累了，就讓自己喘口氣！

多年前被朋友拉去參加一項聚會，這個聚會的主題與自然生態有關，參加的人來自各行各業，有學校老師、醫護人員、環境教育推動者、一般上班族，也有身心靈工作者，都是對此議題有興趣的人。每次聚會都安排不同的人分享，可能是以簡報的方式進行，也有人直接帶體驗活動，大家互相觀摩學習，並討論這些方式可以如何提升社會大眾的環保意識。

我記得在第二階段的聚會中，有位和我一樣透過友人介紹而來的新成員，是一位教育界的朋友，在工作崗位上已超過十年。內向的她提到自己從兩三年前開始會時不時地感覺情緒低落，原本只是一兩天，後來逐漸延長到一整個禮拜都心情不好。她當時身為班導又兼學校的行政職，因此非常忙碌。她感覺這或許是職業倦怠，也想過是否需要換個工作場域，但總是舉棋不定。她每天騎自行車上下班，因此每當藍色憂鬱來臨，不習慣向他人吐露心事的她都趁著下班後騎車繞到河濱公園，看看花草樹木河水吹吹風，讓自己的心情好一點。

一年多前，她的母親生病了，需要有人長時間照應。她雖非獨生女，但父親已經不在，兄弟姊妹不是在南部就是在國外，也都各自有工作，遠水救不了近火。當時本土的照護產業尚未興起，也還沒引進外籍看護，雖然親戚朋友偶爾會來幫忙，但畢竟非長久之計，一時之間讓她感到措手不及，心情也就更加低落，一整個月都在煩惱如何兼顧工作與照顧母親。難道必須因此離職返家擔任看護？

她考慮了幾天之後，就向工作單位申請留職停薪半年，暫離職場回家照顧母親，也讓自己的心好好休息一下。在這半年間，她和母親相處的時間相較以往多出許多，彼此之間也聊了很多。她發現照顧母親雖然會累，但有人講講話其實不錯，即使無法立即解決問題，卻總比悶在心裡強得多，又可促進母女親情。經過幾個月的治療與休養，她的母親恢復到只需每個月回診，此時她的留職停薪假已過了四個多月。她在接下來的一個多月就帶著母親到鄰近的城鎮走走，等半年的期限一到就銷假重返工作崗位復職。

「我真的很幸運，」這位朋友說：「可以在照顧媽媽的期間，不僅讓自己的心充分休息，轉換之前倦怠的心情。很多人離開職場照顧生病的父母，從此就回不去了。」

換個想法，豁然開朗

一般來說，大部分的上班族都是坐著辦公。這並不是什麼費力的姿勢，那麼為何許多人在下班之後經常感覺身心俱疲？

商周.COM前年11月9日轉載了一篇〈負能量才是你疲累的原因！工作除了勞力和腦力勞動，你忽略了最重要的其實是「情緒」勞動〉，文中引述美國加州大學柏克萊分校社會學教授霍奇查爾德（Arlie Russell Hochschild）於1983年提出的「情緒勞動」（Emotional Labor）理論，說明工作除了需要勞心勞力和勞腦之外，還有一項長久遭忽略的支出，那就是情緒方面的勞動。

「情緒勞動」的概念原本是指員工須管理本身情緒，以創造公正可見的面部與肢體表現，包含兩個層面：

「淺層扮演」是指員工調節本身情緒表達以符合組織要求；「深層扮演」則是整飾自身真實情感以呈現出組織期望之情緒，透過管理使小我和大我的情緒達到一致。

諸如對於臉部表情有特殊要求的行業，如銷售人員、空服員、護理師及社工等，需要付出親切、熱誠及關懷等情緒勞動，有些職業甚至主要是靠情緒勞動來運作的。在執行這類身體語言時，就算自己的情緒根本是在另一個頻道，卻也得擺出職務所需的神情，表達

出「對的」情緒。

後來，霍奇查爾德教授在其著作《組織中的情緒》（The Managed Heart: Commercialization of Human Feeling）中擴大了情緒勞動的定義，指出無論是任何工作，只要存在著人際互動，從業人員皆可能必須進行情緒勞動。

這使我想起做設計的朋友們經常抱怨業主不尊重專業，弄得他們還得花費時間精力充當老師「教育客戶」，又或者需要應付因情緒起伏而言詞刻薄的主管，明明一肚子火卻必須和顏悅色，這些都需要付出情緒勞動。換句話說，如果當下的情緒感受與所需呈現的情緒表達差異越大，所要付出的情緒勞動也就越多，當事人也會越感覺耗損。

走筆至此，我想和讀者朋友們分享我自己和一位年輕朋友的談話：

這個朋友有一天又再度面臨職場低潮，我就告訴她，其實大部分的人都是為五斗米折腰，在工作上經常必須隱藏自己的想法、情緒及忍受不合理的對待，畢竟這些人都是在別人的屋簷下做事，在言行上都不太能隨心所欲的；然而，當老闆的也不輕鬆，必須用盡蠻荒之力確保公司正常獲利，否則虧損連連導致營運失調、發不出薪水，那可就糟了。

所處的位置不同，想法也就不同，在對人、對事的態度上自然也不盡相同。與其指望他人也做到「換位思考」，不如把這時間精力拿來好好照顧自己。

我們或許無法改變職場現況，但總能決定自己的心情。我在「費登奎斯方法」（Feldenkrais Method®，詳見〈好好釋放情緒，別再氣呼呼〉文中的介紹）的學習中，體察到呼吸與肢體動作上各種極細微的變化，都會創造出身心整體的各種可能性，接著就會改變我們對於本身的既定認知，獲得突破身心框架的契機。若將這樣的「看見」轉化到日常生活中，我們或許也可以嘗試在家庭、校園、職場與人際關係中發現更多可能性、讓自己更安於當下。

活得好 069

鈍感力養成

克服敏感、提升挫折容忍度與自我認同的20堂課

作　　者　姜愛玲
顧　　問　曾文旭
統　　籌　陳逸祺
編輯總監　耿文國
主　　編　陳蕙芳
編　　輯　翁芯俐
美術編輯　李依靜
法律顧問　北辰著作權事務所

印　　製　世和印製企業有限公司
初　　版　2023年12月
（本書為《別再委屈自己求得他人認同：不再委屈求全的20堂必學人生突破法則》之修訂版）
出　　版　凱信企業集團-凱信企業管理顧問有限公司
電　　話　（02）2773-6566
傳　　真　（02）2778-1033
地　　址　106 台北市大安區忠孝東路四段218之4號12樓
信　　箱　kaihsinbooks@gmail.com

定　　價　新台幣 330 元／港幣 110元
產品內容　1書

總 經 銷　采舍國際有限公司
地　　址　235新北市中和區中山路二段366巷10號3樓
電　　話　（02）8245-8786
傳　　真　（02）8245-8718

國家圖書館出版品預行編目資料

鈍感力養成：克服敏感、提升挫折容忍度與自我認同的20堂課／姜愛玲著. -- 初版. -- 臺北市：凱信企業集團凱信企業管理顧問有限公司, 2023.12
面；　公分
ISBN 978-626-7354-14-8(平裝)

1.CST: 修身 2.CST: 生活指導

192.1　　112018189

凱信企管

用對的方法充實自己，
讓人生變得更美好！